Ciberseguridad. IFCT0023

Yolanda López Benítez

ic editorial

Ciberseguridad. IFCT0023
© Yolanda López Benítez

1ª Edición

© IC Editorial, 2024

Editado por: IC Editorial
c/ Cueva de Viera, 2, Local 3
Centro Negocios CADI
29200 Antequera (Málaga)
Teléfono: 952 70 60 04
Fax: 952 84 55 03
Correo electrónico: iceditorial@iceditorial.com
Internet: www.iceditorial.com

ISBN: 978-84-1184-375-1
Depósito Legal: MA 2212-2024

Impresión: PODiPrint
Impreso en Andalucía – España

Nota de la editorial: IC Editorial pertenece a Innovación y Cualificación S. L.

Especialidad formativa

Se entiende por especialidad formativa la agrupación de contenidos, competencias profesionales y especificaciones técnicas que responde a un conjunto de actividades de trabajo enmarcadas en una fase del proceso de producción y con funciones afines.

Las especialidades formativas de Uso General, Formación Complementaria, Formación Modular y las especialidades formativas dirigidas a la obtención de certificados de profesionalidad se incluyen en el Fichero de Especialidades del Servicio Público de Empleo Estatal para su gestión en todo el territorio nacional por cualquier Administración competente.

Las especialidades complementarias, pertenecen todas a la Familia profesional de Formación Complementaria (FCO) y tienen la consideración de formación transversal en áreas que se consideran prioritarias tanto en el marco de la Estrategia Europea para el Empleo y del Sistema Nacional de Empleo como en las directrices establecidas por la Unión Europea. Se consideran áreas prioritarias las relativas a tecnologías de la información y la comunicación, la prevención de riesgos laborales, la sensibilización en medio ambiente, la promoción de la igualdad, la orientación profesional y aquellas otras que se establezcan por la Administración competente.

Las especialidades de Certificado de profesionalidad tienen una duración especificada en su normativa reguladora.

En el resultado de la búsqueda, se muestran las unidades de competencia, todos los módulos formativos con su duración y las unidades formativas del certificado correspondiente, con su duración. Las horas del certificado, exclusivo de las especialidades de certificado de profesionalidad, con alta igual o superior a 2008, son las horas totales más las horas del módulo de Prácticas Profesionales no Laborales.

- **Si la especialidad tiene unidades formativas,** las horas totales, presencial, distancia, teleformación serán igual a la suma de esas horas de las unidades formativas de los distintos módulos, sin que se repita ninguna Unidad formativa.

➲ **Si la especialidad no tiene unidades formativas,** las horas totales, presencial, distancia, teleformación serán igual a las sumas de esas horas de los módulos formativos, eliminando las horas de los módulos repetidos.

https://sede.sepe.gob.es/especialidadesformativas/RXBuscadorEFRED/BusquedaEspecialidades.do

(Fuente: Servicio Público de Empleo Estatal)

Índice

OBJETIVOS GENERALES

Los objetivos generales del **IFCT0023. Ciberseguridad,** son los siguientes:

- ⮩ Adquirir un conocimiento básico de los riesgos y las técnicas y protocolos de ciberseguridad a aplicar en una organización.
- ⮩ Desarrollar un entendimiento integral de la ciberseguridad, con el fin de fomentar prácticas seguras y mejorar la resiliencia frente a ciberdelitos.
- ⮩ Desarrollar y mantener un entorno seguro en internet mediante una adecuada gestión de la seguridad.
- ⮩ Promover el uso seguro y crítico de internet.
- ⮩ Desarrollar un marco integral de conocimientos sobre aspectos legales, regulatorios y éticos relacionados con la protección de datos en España en el contexto de la ciberseguridad.
- ⮩ Ampliar el conocimiento sobre ciberdelitos y sus implicaciones en la sociedad actual.
- ⮩ Mejorar la seguridad y protección personal en el ámbito de la ciberseguridad, mediante la implementación de medidas efectivas.
- ⮩ Desarrollar un marco teórico que permita asimilar la teoría de nodos y lazos en el ámbito de la ciberseguridad.

Aproximación a la ciberseguridad

Contenido

Objetivos

El objetivo general de esta Unidad de Aprendizaje es:

→ Desarrollar un entendimiento integral de la ciberseguridad, con el fin de fomentar prácticas seguras y mejorar la resiliencia frente a ciberdelitos.

→ Los objetivos específicos de esta Unidad de Aprendizaje son:

→ Promover la concienciación en ciberseguridad y fomentar una cultura de seguridad digital para minimizar incidentes causados por el factor humano.

→ Comprender los principios básicos de la ciberseguridad y la importancia de proteger la integridad y confidencialidad de la información.

→ Implementar medidas de seguridad para proteger los sistemas de información contra amenazas cibernéticas.

1. Introducción

La ciberseguridad se ha convertido en una gran preocupación en el entorno digital actual. A medida que la sociedad se vuelve cada vez más dependiente de la tecnología y de la conectividad digital, aumenta la necesidad de proteger los datos, los sistemas y las redes de posibles amenazas cibernéticas.

La aproximación a la ciberseguridad implica un enfoque integral que busca comprender y abordar los riesgos asociados con la seguridad digital. Se basa en el reconocimiento de que en el ciberespacio existen amenazas constantes y en constante evolución. Ante este escenario, es esencial una protección efectiva que requiere un enfoque proactivo y multidimensional. Esto implica la implementación de políticas, prácticas y medidas tecnológicas para prevenir, detectar y responder a los ataques cibernéticos, así como la promoción de la concienciación y la formación en ciberseguridad entre las personas usuarias de internet.

Para abordar estos contenidos, nos ayudaremos de la historia de una empresa de formación llamada CyberTech.

2. La importancia de la ciberseguridad

 HILO CONDUCTOR

CyberTech es un centro de formación que ofrece a los estudiantes la oportunidad de aprender sobre tecnología y programación. Un día, los estudiantes de Cyber-Tech llegaron a sus clases con gran entusiasmo, pero se encontraron con una situación inesperada. Todos los sistemas del centro se habían paralizado y no podían acceder a sus cuentas ni a ninguna de las herramientas de aprendizaje *online*. El alumnado estaba confundido y muy preocupado.

El director de CyberTech, el profesor Sebastián, convocó una reunión de emergencia y la comenzó con esta afirmación: "La ciberseguridad es fundamental en nuestra vida digital. Nos ayuda a proteger nuestra información personal, mantener nuestra privacidad y garantizar la confidencialidad de nuestros datos. También nos permite utilizar la tecnología de manera segura y sin interrupciones".

El alumnado comprendió que la ciberseguridad no es solo responsabilidad de los expertos en informática, sino que la protección es un tema de todos.

La **ciberseguridad** representa un conjunto de medidas y prácticas diseñadas para proteger la información y los sistemas tecnológicos de posibles amenazas cibernéticas.

En un mundo cada vez más interconectado, donde la dependencia de la tecnología y la comunicación digital es creciente, la ciberseguridad se ha vuelto fundamental para salvaguardar la privacidad, los datos personales y la gestión de datos organizacionales, así como el buen funcionamiento de las actividades llevadas en entornos online.

 IMPORTANTE

Desde el robo de información confidencial hasta el sabotaje de sistemas críticos, los ciberataques pueden tener graves repercusiones tanto a nivel personal como empresarial. La pérdida de datos, el daño a la reputación y la interrupción de servicios son solo algunas de las consecuencias que pueden surgir de la falta de protección adecuada.

Una vez entendida la definición de ciberseguridad, su importancia radica en el hecho de que las amenazas cibernéticas están en constante evolución y se vuelven cada vez más sofisticadas.

A continuación, conocerás la diferencia entre amenaza cibernética y ataque cibernético:

- ➲ **Amenaza cibernética.** Cualquier evento, circunstancia o potencialidad que podría comprometer la seguridad de los sistemas informáticos, redes, dispositivos o datos. Las amenazas cibernéticas pueden ser originadas tanto por actores externos como internos y pueden presentarse de diversas formas, como, por ejemplo, a través de *malware,* virus, *phishing, ransomware,* etc.

⮑ **Ataque cibernético.** Es la acción deliberada llevada a cabo por un individuo o grupo con intenciones maliciosas con el objetivo de comprometer, dañar o explotar los sistemas informáticos, redes, dispositivos o datos de una organización o persona usuaria. Los ataques cibernéticos pueden ser perpetrados con diversas intenciones, como robo de información confidencial, extorsión, sabotaje, espionaje, interrupción de servicios o daño a la reputación. Los ataques cibernéticos pueden implicar la explotación de vulnerabilidades en los sistemas, el uso de técnicas de ingeniería social para engañar a los usuarios o la infiltración de *malware* en los sistemas objetivo.

Las amenazas cibernéticas pueden provenir de hackers no éticos o ciberdelincuentes, grupos organizados, gobiernos o incluso de personal descontento. Estas amenazas pueden buscar obtener acceso no autorizado a sistemas, robar información confidencial, interrumpir la operación de sistemas o causar daños a la infraestructura tecnológica.

IMPORTANTE

La principal diferencia entre una amenaza cibernética y un ataque cibernético radica en su naturaleza y etapa de desarrollo. Una amenaza cibernética se refiere a una potencialidad o evento que podría comprometer la seguridad de los sistemas, mientras que un ataque cibernético es una acción concreta llevada a cabo para explotar dicha amenaza y causar daño u obtener beneficio. Sabiendo que una ciberamenaza es un riesgo potencial, con ella una vulnerabilidad existente podría ser explotada, mientras que un ataque cibernético es una acción específica y maliciosa llevada a cabo para aprovechar y explotar una amenaza

Continúa en página siguiente >>

<< Viene de página anterior

en particular. Las amenazas son inherentes al entorno cibernético, mientras que los ataques son el resultado de la explotación de esas amenazas por parte de actores malintencionados.

Hay que considerar que uno de los principios fundamentales de la ciberseguridad es que los usuarios mantengan sus contraseñas seguras (fuertes y robustas) y que estas sean únicas, no siendo aconsejable que se emplee la misma contraseña para acceder a diferentes cuentas. El propósito es proteger la información personal y garantizar la confidencialidad.

 ### ACTIVIDAD COMPLEMENTARIA

1. La ciberseguridad también involucra el fortalecimiento de la colaboración entre diferentes actores, como pueden ser, las empresas, los gobiernos, las organizaciones internacionales y la sociedad en general. Esto es necesario para compartir información sobre las amenazas, establecer estándares de seguridad y promover la cooperación en la respuesta a incidentes de seguridad. En base a ello investiga en fuentes externas, sobre los planes puestos en marcha a nivel nacional en esta materia.

----

3. Principios de la ciberseguridad

 ### HILO CONDUCTOR

El profesor Sebastián continuó la reunión explicando los principios fundamentales de la ciberseguridad. Habló a sus alumnos y alumnas sobre la importancia de tener contraseñas seguras y únicas para acceder a las distintas cuentas, mantener los dispositivos actualizados con los últimos parches de seguridad y de tener cuidado al hacer clic en enlaces o descargar archivos adjuntos desconocidos. El director del centro también reveló algunos consejos de ciberseguridad

Continúa en página siguiente >>

<< Viene de página anterior

relacionados con distintos tipos de ciberataques, aunque insistió que todo ello debería tratarse en mayor profundidad en alguna clase, pero más adelante.

Desde ese día, los estudiantes de CyberTech se comprometieron a ser defensores de la ciberseguridad. Se dieron cuenta de que, al protegerse a sí mismos, también estaban ayudando a proteger a los demás en el vasto mundo digital.

Es esencial que cualquier persona usuaria de internet cuente con formación en ciberseguridad para poder enfrentar eficazmente grandes desafíos.

La **concienciación** y **capacitación en ciberseguridad** permiten a los individuos comprender los principios y conceptos básicos de esta importante área de la seguridad, así como conocer y aplicar las mejores prácticas para proteger su información y su privacidad en línea. Al adquirir conocimientos sobre las posibles amenazas y las medidas de protección disponibles, las personas pueden tomar mejores decisiones y adoptar comportamientos seguros en su actividad digital diaria.

La ciberseguridad es importante por varios motivos, principalmente, para:

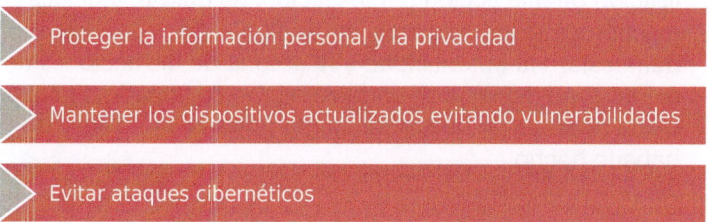

- Proteger la información personal y la privacidad
- Mantener los dispositivos actualizados evitando vulnerabilidades
- Evitar ataques cibernéticos

La responsabilidad de la ciberseguridad es de todos, más allá de los profesionales expertos en informática, los proveedores de servicios de seguridad, gobierno o cualquier tipo de autoridad Por todo lo expuesto cobra importancia conocer cuáles son los **principios de la ciberseguridad** y algunos conceptos clave que son empleados en esta disciplina.

Existen varios principios fundamentales de la ciberseguridad que ayudan a guiar las prácticas y medidas de protección. A continuación, se explican cinco de estos principios junto con algunos ejemplos sencillos:

- ⮑ **Confidencialidad.** Este principio asegura que solo las personas autorizadas tengan acceso a la información sensible y privada. Se busca evitar la divulgación no autorizada de datos y proteger la privacidad de los usuarios. Por ejemplo, el uso de **encriptación** en el envío de correos electrónicos garantiza que solo el destinatario legítimo pueda leer el contenido del mensaje.

- **Integridad.** Este principio hace referencia a la garantía de que los datos no sean modificados o alterados de manera no autorizada durante su almacenamiento, transmisión o procesamiento. Con él se busca asegurar que la información se mantenga precisa y completa. Por ejemplo, una firma digital se utiliza para verificar la integridad de un documento electrónico, permitiendo que se detecten cambios no autorizados en su contenido.

- **Disponibilidad.** Este principio se centra en garantizar que los sistemas y la información estén disponibles y sean accesibles cuando sea necesario. Se busca prevenir interrupciones o bloqueos que puedan afectar la disponibilidad de los recursos digitales. Un ejemplo de esto sería tener un plan de respaldo y recuperación de datos, en caso de un incidente en el sistema para minimizar el tiempo de inactividad.

- **Autenticidad.** Este principio se relaciona con la verificación de la identidad de los usuarios y la garantía de que los datos y las transacciones sean genuinos. Se utilizan métodos como la autenticación de dos factores, que requiere el uso de algo que el usuario sabe (contraseña) y algo que el usuario posee (teléfono móvil), para garantizar una mayor seguridad en el acceso a sistemas y servicios en línea.

- **No repudio.** Este principio busca evitar que una persona niegue la realización de una acción o transacción. Se utilizan técnicas como la firma electrónica o los registros de auditoría para generar evidencias que demuestren la autenticidad y la autoría de las acciones realizadas. Por ejemplo, un mensaje de correo electrónico firmado digitalmente proporciona pruebas de que el remitente envió el mensaje y no puede negar haberlo hecho.

 IMPORTANTE

Los principios de ciberseguridad proporcionan un marco sólido para proteger la información y los sistemas en el entorno digital. Si se aplican de manera adecuada, ayudan a mitigar riesgos y garantizar una mayor seguridad en las comunicaciones y el procesamiento de datos.

3.1. La encriptación

La encriptación es el proceso de codificar información de manera que solo las partes autorizadas puedan acceder a ella. Consiste en convertir el contenido legible de un mensaje o archivo en un formato ilegible o ininteligible, conocido como texto cifrado, mediante el uso de algoritmos matemáticos y claves de cifrado. El objetivo de la encriptación es proteger la confidencialidad de los datos, impidiendo que terceros no autorizados puedan entender o interpretar su contenido.

Existen dos **tipos** principales de encriptación:

- ⮑ **Encriptación simétrica:** en este tipo de encriptación, se utiliza la misma clave para cifrar y descifrar el mensaje. Tanto el emisor como el receptor deben conocer y utilizar la misma clave secreta para comunicarse de manera segura.
Un ejemplo sencillo de encriptación simétrica es el cifrado de un mensaje usando una clave compartida entre el remitente y el destinatario.
- ⮑ **Encriptación asimétrica:** también conocida como criptografía de clave pública, en ella se utilizan dos claves diferentes, pero relacionadas: una pública y una privada. La primera se comparte con otras personas y se utiliza para encriptar los mensajes, mientras que la segunda, que se mantiene en secreto, se utiliza para descifrar los mensajes encriptados.
Un ejemplo común de encriptación asimétrica es el uso de certificados digitales en transacciones en línea, donde el certificado contiene una clave pública utilizada para encriptar la información transmitida.

La encriptación es esencial en la ciberseguridad para proteger la confidencialidad de los datos sensibles, como contraseñas, información personal o datos empresariales. Ayuda a prevenir el acceso no autorizado y el robo de información durante su almacenamiento o transmisión, proporcionando un nivel adicional de seguridad en el entorno digital.

3.2. Ejemplo de ciberataque: *phishing*

El *phishing* es una forma de ataque cibernético en la que los delincuentes intentan obtener información confidencial, como contraseñas, números de tarjetas de crédito o detalles de cuentas bancarias, haciéndose pasar por una entidad legítima. Estos ataques, generalmente, se llevan a cabo a través de correos electrónicos, mensajes de texto, llamadas telefónicas o sitios webs falsificados.

Los estafadores de *phishing* suelen enviar mensajes engañosos que parecen provenir de organizaciones legítimas, como bancos, redes sociales, servicios de correo electrónico o tiendas *online* muy populares. Estos mensajes pueden solicitar a la víctima que proporcione información personal o que haga clic en enlaces maliciosos que redirigen a sitios webs falsos, que están diseñados para parecerse a los legítimos, con el objetivo de engañar a la víctima para que revele información confidencial.

El phishing es una táctica de ingeniería social, ya que se basa en manipular a las personas para que tomen acciones no seguras o revelen información sensible sin darse cuenta. Los estafadores utilizan técnicas psicológicas, como la urgencia, el miedo o la curiosidad, para inducir a las víctimas a caer en la trampa.

Es importante tener cautela, no proporcionar información personal a fuentes no confiables y tomar precauciones para protegerse contra el *phishing*. Algunas medidas recomendadas incluyen verificar cuidadosamente los remitentes de los correos electrónicos o mensajes, evitar hacer clic en enlaces sospechosos, ingresar manualmente las direcciones de sitios webs en lugar de hacer clic en enlaces y mantener actualizados los sistemas de seguridad, como los antivirus y los filtros *antispam*. Además, es fundamental educar a los usuarios sobre cómo reconocer las señales de un ataque de *phishing* y fomentar la conciencia de seguridad digital.

 ## SABÍAS QUE...

El término vulnerabilidad, en el contexto de la ciberseguridad, hace referencia a una debilidad o fallo en un sistema, red, aplicación o proceso que puede ser

Continúa en página siguiente >>

<< Viene de página anterior

explotado por un atacante para comprometer la seguridad de dichos elementos. Una vulnerabilidad puede surgir debido a errores de diseño, configuración incorrecta, falta de actualizaciones o parches de seguridad, o debido a fallos en el *software* o *hardware* utilizados.

Las vulnerabilidades representan riesgos potenciales, ya que pueden permitir a los ciberatacantes acceder, modificar o destruir información, así como comprometer la disponibilidad o el funcionamiento adecuado de un sistema o red.

Es importante destacar que las vulnerabilidades pueden existir en diferentes niveles, incluyendo el *software,* el *hardware,* las redes y los protocolos utilizados en un entorno digital. También pueden variar en función de su gravedad, desde aquellas que presentan un riesgo bajo hasta las que son altamente críticas y requieren una solución urgente.

Es fundamental llevar a cabo evaluaciones de seguridad periódicas, aplicar actualizaciones y parches de seguridad, implementar configuraciones seguras, así como seguir buenas prácticas de desarrollo y gestión de sistemas.

 **APLICACIÓN PRÁCTICA**

¿Qué principio de la ciberseguridad se refiere a la garantía de que solo las personas autorizadas tengan acceso a la información sensible y privada?

Solución

La confidencialidad en la ciberseguridad se centra en proteger la privacidad de la información, asegurando que exclusivamente las personas autorizadas puedan acceder a ella. Es fundamental para proteger datos sensibles y evitar la divulgación no autorizada.

La ciberseguridad es una disciplina que contempla diferentes tipos de seguridad informática, como es la **seguridad física y lógica** y la **seguridad activa y pasiva.**

 **NOTA**

Existen fórmulas llamadas sistemas de control de acceso que permiten controlar los accesos de los usuarios a los sistemas de información de las organizaciones haciendo uso de listas y registros (no todos los usuarios tienen el mismo nivel de atribulaciones para gestionar la información en las empresas). Con estos registros es posible gestionar y controlar el acceso a recursos específicos, además de auditar y rastrear la actividad del sistema.

También existen otras técnicas para prevenir y detectar amenazas en tiempo real que son propias de la seguridad pasiva, como, por ejemplo, establecer medidas de respuesta y recuperación de la actividad después de un incidente de seguridad, como es el caso de las copias de seguridad.

A continuación, dispones del siguiente recurso que te permitirá aprender y repasar algunos conceptos muy relacionados con la ciberseguridad.

 VÍDEO

Puedes ver un vídeo en el cual se explican algunos conceptos relacionados con los principios de la seguridad informática, accediendo desde aquí:

https://redirectoronline.com/ifct00230101

 **TAREA 1**

Andrés era un chico muy hábil con los ordenadores. Le encantaba pasar horas y horas frente a su equipo, navegando por internet, jugando a videojuegos y chateando con sus amigos. Un día, Andrés empezó a preocuparse por la seguridad de su sistema informático, ya que había oído hablar de los peligros de los ciberataques. Debido a ello, decidió tomar medidas para proteger su sistema y se puso manos a la obra. Investigó sobre seguridad informática y descubrió las técnicas de seguridad física y lógica, que eran ampliamente utilizadas en el ámbito de la informática. Andrés estaba convencido de que estas técnicas exclusivas serían suficientes para proteger su sistema contra cualquier amenaza cibernética.

Comenzó por asegurar físicamente su equipo. Colocó una cerradura en la puerta de su habitación del piso que compartía. Con ello trató de evitar que alguien accediera físicamente a su ordenador sin su autorización. También se ayudó de un candado antirrobo que fijaba su dispositivo a un elemento físico para impedir su sustracción.

En cuanto a la seguridad activa, ¿qué tipo de medida sencilla podría haber incluido en su estrategia de seguridad?

4. Resumen

La ciberseguridad es esencial en la era digital actual, y la formación en esta materia se vuelve crucial para asegurar los datos y sistemas de posibles amenazas cibernéticas. Al promover la concienciación y formación en ciberseguridad, se busca empoderar a los usuarios de internet para que adopten prácticas seguras, mejoren su resiliencia frente a las amenazas cibernéticas y contribuyan a la construcción de un entorno digital más seguro y confiable. A este respecto, los principios de ciberseguridad proporcionan un marco sólido para proteger la información y los sistemas en el entorno digital. Si se conocen y aplican de manera adecuada, ayudan a que las personas puedan mitigar riesgos y garantizar una mayor seguridad en las comunicaciones y el procesamiento de datos.

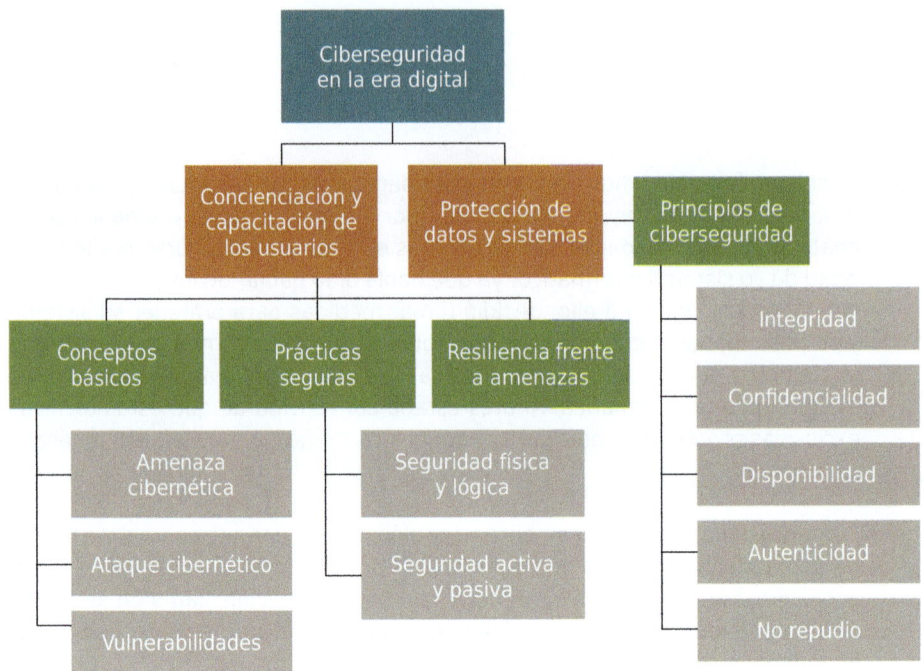

Ejercicios de autoevaluación
Unidad de Aprendizaje 1

1. **Indica si las siguientes afirmaciones son verdaderas o falsas. ¿Cuál es la importancia de la ciberseguridad?**

   a. Proteger la información personal y la privacidad.

   - ■ Verdadero
   - ■ Falso

   b. Mantener los dispositivos actualizados.

   - ■ Verdadero
   - ■ Falso

   c. Evitar ataques cibernéticos.

   - ■ Verdadero
   - ■ Falso

2. **Rellena los siguientes huecos:**

   Los sistemas de _____ de accesos a través de _____ y _____ son herramientas para _____ y controlar el acceso a _____ informáticos.

3. **¿Qué implica la seguridad activa en la ciberseguridad?**

   a. Prevenir y detectar amenazas en tiempo real.
   b. Realizar copias de seguridad regularmente.
   c. Implementar contraseñas fuertes.
   d. Restringir el acceso solo a usuarios autorizados.

4. **¿Qué implica la seguridad pasiva en la ciberseguridad?**

   a. Realizar análisis de vulnerabilidades periódicos.
   b. Establecer medidas de respuesta y recuperación después de un incidente.
   c. Mantener los dispositivos actualizados.
   d. Implementar un sistema de detección de intrusiones.

5. ¿Cuál es uno de los principios fundamentales de la ciberseguridad?

    a. Mantener contraseñas seguras y únicas.
    b. Descargar archivos adjuntos desconocidos.
    c. Compartir información personal en redes sociales.
    d. Utilizar *software* desactualizado.

6. ¿Cuál es el propósito de los registros en la ciberseguridad?

    a. Auditar y rastrear la actividad del sistema.
    b. Restringir el acceso a recursos específicos.
    c. Proteger la información personal.
    d. Mantener los dispositivos actualizados.

7. Rellena los siguientes huecos:

El _____ es una técnica empleada por la ciberdelincuencia en la que se _____ identidades para _____ información personal válida para ejecutar un _____.

8. ¿Qué deben hacer los usuarios para protegerse contra ataques de *phishing?*

    a. Hacer clic en enlaces desconocidos.
    b. Compartir información personal en correos electrónicos.
    c. Descargar archivos adjuntos sospechosos.
    d. Tener cautela y no proporcionar información personal a fuentes no confiables.

9. ¿Quién es responsable de la ciberseguridad?

    a. Solo los expertos en informática.
    b. Únicamente los proveedores de servicios de seguridad.
    c. Todos los usuarios de sistemas informáticos.
    d. El gobierno y las autoridades de seguridad.

10. ¿Cuál de las siguientes opciones NO es un principio de la ciberseguridad?

    a. Mantener los dispositivos actualizados.
    b. Implementar contraseñas seguras.
    c. Compartir información personal en línea.
    d. Realizar copias de seguridad de los datos.

Gestión de la seguridad en Internet

Contenido

Objetivos

El objetivo general de esta Unidad de Aprendizaje es:

→ Desarrollar y mantener un entorno seguro en internet mediante una adecuada gestión de la seguridad.

Los objetivos específicos de esta Unidad de Aprendizaje son:

→ Estudiar los conceptos clave relacionados con la gestión de la seguridad en internet.

→ Explorar las mejores prácticas y estándares de la industria en la gestión de la seguridad en internet.

→ Gestionar la seguridad en internet, identificando amenazas, evaluando riesgos e implementando medidas de seguridad.

1. Introducción

La formación en ciberseguridad no solo se enfoca en la adquisición de conocimientos técnicos, sino también en promover una cultura de seguridad *online*. Al concienciar a los usuarios y empresas sobre los riesgos y las consecuencias de no tomar precauciones adecuadas, se busca fomentar un cambio de actitud y comportamiento hacia prácticas más seguras. Esto implica el abordaje de la gestión de la seguridad en internet como arma fundamental para minimizar los riesgos cibernéticos.

Mediante el estudio de los conceptos clave y la adopción de las mejores prácticas de la industria, es posible desarrollar un enfoque sólido para garantizar un entorno digital seguro, protegiendo los intereses de individuos y organizaciones frente a las crecientes amenazas cibernéticas.

Para estudiar los contenidos, nos seguiremos basando en el caso de CyberTech, un centro de formación que capacita a sus estudiantes en aspectos relacionados con la tecnología y programación.

2. Conceptos fundamentales en la gestión de la seguridad en internet: amenazas, evaluación de riesgos y medidas de seguridad

👉 **HILO CONDUCTOR**

Sebastián, el director del centro CybertTech, explica a su alumnado importantes conceptos relacionados con la gestión de la seguridad en internet. Cuestiones clave que debe dominar cualquier futuro profesional, ya sea en el uso de la tecnología o de internet. Recuerda que estos conceptos son solo el punto de partida para una gestión efectiva de la seguridad digital. Al comprender las amenazas, evaluar los riesgos y aplicar las medidas de seguridad adecuadas, se podrá proteger los datos, sistemas y la privacidad de la clientela en el mundo *online*.

Explorar los conceptos clave en la gestión de la seguridad en internet sirve de ayuda para comprender cómo proteger la información y mantener un entorno seguro en el actual paradigma digital. Ante este escenario, es vital definir y comprender qué son las **amenazas en internet** y qué significado tiene tanto la **evaluación de los riesgos,** como las **medidas de seguridad.**

A continuación, se exponen estas tres situaciones:

- **Amenazas en internet:** las amenazas en internet son los peligros o riesgos que pueden comprometer la seguridad de los datos y sistemas. Algunos ejemplos más representativos de amenazas comunes son el *phishing,* donde los estafadores intentan obtener información confidencial haciéndose pasar por entidades legítimas; el *malware,* que son programas maliciosos diseñados para dañar o tomar el control de tu dispositivo y los ataques de fuerza bruta, donde los *hackers* intentan adivinar contraseñas mediante el uso de múltiples combinaciones.
- **Evaluación de riesgos:** la evaluación de riesgos implica identificar y analizar los posibles riesgos para la seguridad *online*. Realmente, se llama evaluación de riesgos al proceso que permite determinar la probabilidad de que ocurran amenazas y el impacto que podrían tener en los sistemas de información y datos.
  Al evaluar los riesgos, puedes tomar decisiones informadas sobre qué medidas de seguridad implementar. Por ejemplo, si manejas datos confidenciales de clientes, es importante evaluar los riesgos asociados con su almacenamiento y transmisión, y tomar medidas para proteger esa información de manera adecuada.
- **Medidas de seguridad:** las medidas de seguridad son aquellas acciones que se pueden tomar para proteger la información y los sistemas *online*. Las más elementales incluyen el uso de contraseñas fuertes y únicas, el cifrado de datos, la instalación de *software* antivirus y *firewall,* y la implementación de actualizaciones de seguridad en los dispositivos y aplicaciones. También es un factor importante formar al personal de las organizaciones y a las personas usuarias de internet, sobre las mejores prácticas de seguridad, por ejemplo, medidas tan simples como no hacer clic en enlaces sospechosos o descargar archivos adjuntos de fuentes desconocidas.

 SABÍAS QUE...

La evaluación de riesgos es un proceso en el que se analizan y evalúan los posibles riesgos que pueden afectar a un sistema, proyecto o actividad. La evaluación debe ser un proceso continuo para adaptarse a las nuevas amenazas que cada

Continúa en página siguiente >>

<< Viene de página anterior

día surgen. Este proceso se basa en dos factores principales: la **probabilidad** de que ocurra un riesgo y el **impacto** que tendría si ocurriera.

Probabilidad → Hace referencia a la posibilidad de que un riesgo específico se materialice. Se evalúa considerando diferentes aspectos, como la frecuencia con la que ocurren eventos similares, la exposición al riesgo y las medidas de seguridad existentes. La probabilidad puede clasificarse en categorías como alta, media o baja, o puede expresarse en términos numéricos, como probabilidades porcentuales.

Impacto → Hace referencia a las consecuencias que tendría la materialización de un riesgo en términos de daño o pérdida. Esto puede incluir aspectos financieros, operativos, reputacionales o de seguridad. El impacto también puede clasificarse en categorías, como alto, medio o bajo, o puede expresarse en términos cuantitativos, como pérdidas económicas estimadas.

Al combinar la evaluación de la probabilidad y el impacto, se puede obtener una visión más completa de los riesgos y priorizar las acciones de gestión de riesgos.

Con idea de que una empresa o negocio pueda gestionar eficazmente la seguridad en internet, hay que considerar una serie de cuestiones fundamentales.

Estas **cuestiones** son las siguientes:

- **Políticas y procedimientos de seguridad.** Establecer políticas claras y procedimientos de seguridad que abarquen aspectos como el uso de contraseñas seguras, la protección de datos confidenciales, la gestión de acceso a sistemas y la respuesta a incidentes de seguridad. Por ejemplo, implementar una política de cambio de contraseñas periódico y establecer un protocolo de notificación de brechas de seguridad.
- **Concienciación y capacitación.** Formar a los empleados sobre los riesgos y mejores prácticas de seguridad en internet es fundamental. Impartir capacitaciones periódicas y realizar simulacros de ataques de *phishing* para enseñar a los empleados a identificar y evitar posibles amenazas. Por ejemplo, brindar entrenamiento sobre cómo reconocer correos electrónicos sospechosos y qué hacer en caso de recibir uno.
- **Actualizaciones y parches de seguridad.** Mantener los sistemas y *software* actualizados con los últimos parches de seguridad es esencial para protegerse contra vulnerabilidades conocidas. Establecer un proceso regular de revisión y actualización de *software,* y configurar los dispositivos

para recibir actualizaciones automáticas. Por ejemplo, asegurarse de que los sistemas operativos y las aplicaciones tengan activada la opción de actualización automática.

- **Copias de seguridad regulares.** Realizar copias de seguridad periódicas de los datos críticos es fundamental para mitigar el impacto de posibles incidentes de seguridad, como *ransomware* o fallos en el *hardware*. Las copias de seguridad deben almacenarse en un lugar seguro y probarse regularmente para garantizar su integridad y disponibilidad. Por ejemplo, realizar copias de seguridad diarias en servidores externos o servicios de almacenamiento en la nube confiables.

- **Monitoreo de seguridad y detección de intrusiones.** Implementar sistemas de monitoreo de seguridad que permitan detectar actividades sospechosas o intentos de intrusión en tiempo real. Esto puede incluir la configuración de alertas de seguridad, el análisis de registros de eventos y el uso de herramientas de detección de intrusiones. Por ejemplo, utilizar *software* de monitoreo de red que detecte patrones de tráfico anómalos o actividades de escaneo de puertos.

- **Evaluación de proveedores y socios.** Si tu negocio utiliza servicios o trabaja con proveedores externos, es importante evaluar su postura de seguridad y establecer acuerdos claros sobre las responsabilidades y medidas de seguridad que deben cumplir. Por ejemplo, evaluar la política de seguridad de un proveedor de servicios en la nube y asegurarse de que cumple con los estándares de seguridad requeridos.

- **Plan de respuesta a incidentes.** Contar con un plan de respuesta a incidentes documentado y probado es esencial para minimizar el impacto de un ataque o una brecha de seguridad. Esto incluye establecer roles y responsabilidades claras, definir las etapas de respuesta y establecer canales de comunicación eficientes. Por ejemplo, establecer un equipo de respuesta a incidentes y realizar simulacros periódicos para evaluar la efectividad del plan.

 PARA SABER MÁS

El Instituto Nacional de Ciberseguridad (INCIBE) facilita una serie de herramientas para crear buenas políticas de seguridad en los negocios. Puedes leer el artículo e indagar en los recursos gratuitos que ofrece esta gran institución, accediendo desde aquí:

Continúa en página siguiente >>

<< Viene de página anterior

https://redirectoronline.com/ifct00230201

 ACTIVIDAD COMPLEMENTARIA

2. Reflexiona sobre la siguiente pregunta: ¿Crees que las medidas técnicas son suficientes para proteger la información en internet, o consideras que la concienciación y la capacitación de los usuarios de internet son igualmente necesarias?

---

3. Mejores prácticas y estándares reconocidos en la gestión de la seguridad en internet

 HILO CONDUCTOR

Durante la clase, Sebastián nombró a sus estudiantes una serie de estándares internacionales. Destacó que estas prácticas y estándares, son de gran ayuda para que las organizaciones aprendan a gestionar correctamente la seguridad en internet.

En este apartado se explorarán las mejores prácticas y estándares reconocidos en la gestión de la seguridad en internet, que brindarán pautas y directrices más específicas para implementar una seguridad sólida en el uso de internet.

A continuación, se presentan tres estándares ampliamente reconocidos en la industria de la seguridad informática: **ISO 27001, NIST Cybersecurity Framework y COBIT.**

IMPORTANTE

Los estándares son realmente útiles como marco de referencia para la gestión de la seguridad en internet y para proteger los datos y sistemas de la forma más efectiva posible.

- -

A continuación, se exponen los tres **estándares:**

- **ISO 27001.** El estándar ISO 27001 establece un marco de gestión de la seguridad de la información. Se centra en la identificación de los riesgos de seguridad y en la implementación de controles adecuados para mitigarlos. Este estándar se basa en un enfoque de ciclo de vida que abarca desde la planificación, la implementación y la operación, hasta la monitorización y mejora continua de los controles de seguridad. Al adoptar el ISO 27001, se puede establecer un sistema de gestión de la seguridad de la información robusto y garantizar la protección de los activos críticos de un negocio.
- **NIST Cybersecurity Framework.** El Marco de Ciberseguridad del NIST (*National Institute of Standards and Technology*) es una guía desarrollada por el gobierno de los Estados Unidos. Proporciona un enfoque basado en el riesgo para gestionar y mejorar la ciberseguridad de una organización. Este marco se divide en cinco funciones principales: identificar, proteger, detectar, responder y recuperar. Al seguir el NIST Cybersecurity Framework es posible evaluar y fortalecer las medidas de seguridad existentes, además de identificar áreas en las que una organización necesita mejoras.
- **COBIT** (*Control Objectives for Information and Related Technologies*)**.** COBIT es un marco de gestión de TI ampliamente utilizado que también aborda la seguridad de la información. Proporciona un conjunto de controles y mejores prácticas para asegurar que los objetivos de seguridad y los requisitos regulatorios se cumplan de manera correcta. COBIT se enfoca, principalmente, en el alineamiento de los objetivos de negocio con la tecnología de la información, y ofrece una estructura para la gobernanza y gestión de TI realmente sorprendente. Al implementar COBIT, es posible maximizar la seguridad, esto es, que las actividades

online de una empresa se realicen de manera segura y estén en sintonía con los objetivos estratégicos de la organización.

 **NOTA**

Estos tres estándares reconocidos mundialmente, brindan un marco sólido para mejorar la seguridad en internet y proteger los datos y sistemas. Es importante evaluar cuál de ellos se ajusta mejor a las necesidades y características organizativas. Al implementar las mejores prácticas y estándares adecuados, se fortalece la gestión de la seguridad en internet y es posible hacer frente a los desafíos de manera más eficaz.

PARA SABER MÁS

Si quieres obtener más información y profundizar en los tres estándares vistos anteriormente, puedes hacerlo accediendo a cada uno de ellos desde aquí:

ISO 27001

https://redirectoronline.com/ifct00230202

Continúa en página siguiente >>

<< Viene de página anterior

NIST Cybersecurity Framework

https://redirectoronline.com/ifct00230203

COBIT *(Control Objectives for Information and Related Technologies)*

https://redirectoronline.com/ifct00230204

📝 TAREA 2

Alex es un joven emprendedor que recientemente ha lanzado su propio negocio en la web, una tienda de artículos deportivos.

Un día, recibe un correo electrónico sospechoso que afirma ser de su proveedor de servicios de pago. El mensaje informa que debe proporcionar nuevamente sus datos de inicio de sesión para evitar la suspensión de su cuenta. Sin embargo, algo le hace dudar y decide investigar un poco más antes de tomar cualquier acción.

Decide consultar información sobre las amenazas en internet, la evaluación de riesgos y las medidas de seguridad recomendadas para los negocios digitales.

Continúa en página siguiente >>

<< Viene de página anterior

Descubre que el correo electrónico que recibió podría ser un intento de *phishing*, una táctica utilizada por ciberestafadores para obtener información confidencial. Se da cuenta de que está expuesto a diversas amenazas, como el robo de datos de tus clientes o el compromiso de tu propia página web.

Basándose en esta nueva comprensión de los hechos, decide tomar medidas para proteger su negocio *online* y, sobre todo, la información valiosa que maneja. Para ello, realiza una evaluación de riesgos e identifica las amenazas más relevantes en esta situación. A continuación, selecciona tres medidas de seguridad que considera fundamentales para salvaguardar su información y sus sistemas digitales.

En este contexto, su desafío es proteger su comercio *online*. Ayuda a Alex a realizar esta función:

1. Identifica, al menos, tres amenazas en internet que podrían afectar a su negocio y a la información que maneja.
2. Realiza una evaluación de riesgos para determinar la probabilidad e impacto de cada amenaza identificada.
3. Basándote en la evaluación de riesgos, selecciona tres medidas de seguridad que consideres esenciales para proteger su negocio.

Puedes documentar tus respuestas en cualquier tipo de formato que decidas, una tabla o una lista, pueden ser dos buenos ejemplos.

4. Resumen

La gestión de la seguridad en internet busca desarrollar y mantener un entorno seguro en la red, protegiendo la información y los sistemas contra las ciberamenazas. Para lograr este objetivo, es fundamental comprender los conceptos clave y explorar las mejores prácticas y estándares de la industria en la gestión de la seguridad en internet.

El primer objetivo de este trabajo ha de consistir en dominar los conceptos relacionados con la gestión de la seguridad en internet, como la identificación de amenazas, evaluación de riesgos, implementación de medidas de seguridad y el cumplimiento del marco. Esto permitirá adquirir una comprensión profunda de los fundamentos de la seguridad en el ecosistema *online* y el asentamiento de las bases para una gestión efectiva.

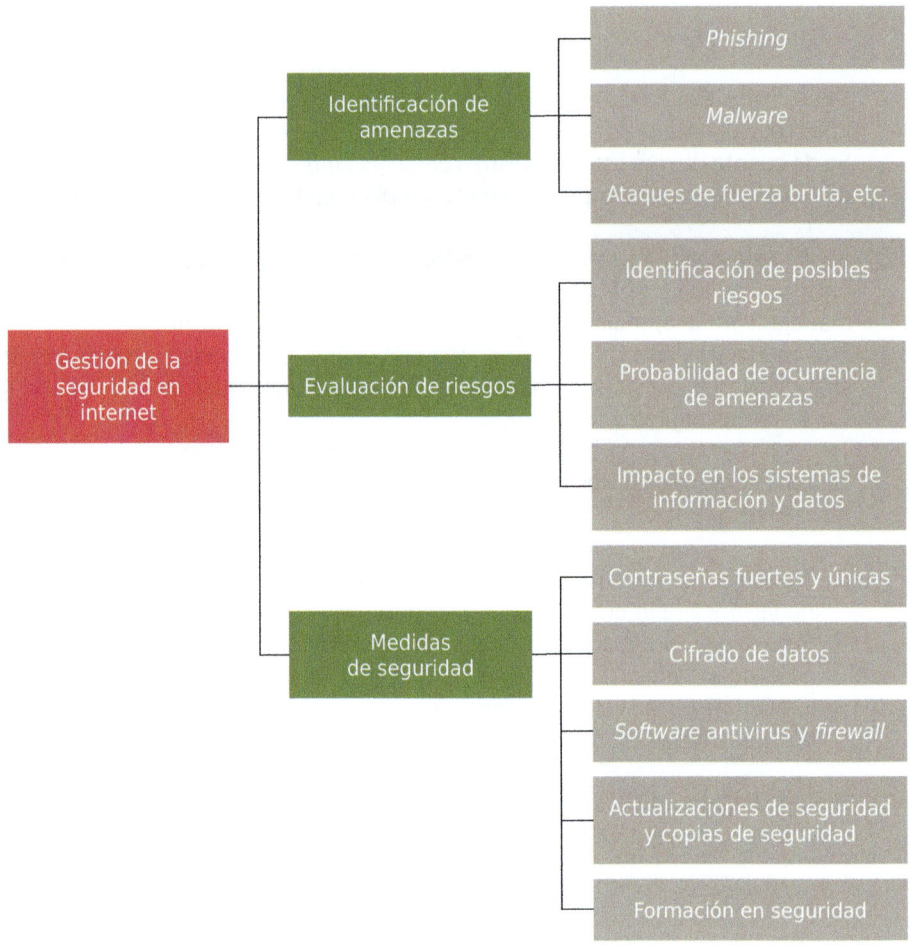

El segundo objetivo se enfoca en explorar las mejores prácticas y estándares reconocidos internacionalmente relacionados con la gestión de la seguridad en internet, como ejemplo, la Norma ISO 27001, NIST Cybersecurity Framework o COBIT. Estos marcos de referencia ofrecen directrices claras y orientación para implementar medidas de seguridad adecuadas, adaptadas a diferentes entornos organizacionales.

Estándares reconocidos en la gestión de seguridad en internet		
Establecimiento de controles y procesos de seguridad. Mejora de la protección de la información. Cumplimiento de requisitos legales y regulatorios		
- Norma ISO 27001	- NIST Cybersecurity Framework	- COBIT

Ejercicios de autoevaluación
Unidad de Aprendizaje 2

1. **Indica si las siguientes afirmaciones son verdaderas o falsas. ¿Cuál de las siguientes opciones NO es una amenaza común en internet?**

   a. *Phishing*

   - Verdadero
   - Falso

   b. *Malware*

   - Verdadero
   - Falso

   c. *Spam*

   - Verdadero
   - Falso

2. **¿Cuál es el objetivo principal de la evaluación de riesgos en la gestión de la seguridad en internet?**

   a. Identificar amenazas comunes.
   b. Evaluar la probabilidad de ocurrencia de riesgos.
   c. Implementar medidas de seguridad.
   d. Cumplir con normativas internacionales.

3. **¿Cuál de las siguientes no es una medida de seguridad recomendada para proteger la información y los sistemas en internet?**

   a. Uso de contraseñas fuertes y únicas.
   b. Instalación de *software* antivirus.
   c. Descargar archivos adjuntos de fuentes desconocidas.
   d. Implementación de actualizaciones de seguridad.

4. **Rellena los siguientes huecos:**

   El concepto "_____" hace referencia a las _____ que tendría la _____ de un _____ en términos de daño o pérdida.

5. ¿Cuál es el objetivo principal de la Norma ISO 27001?

    a. Establecer pautas para la gestión de la seguridad en internet.
    b. Proteger los datos personales de los usuarios en línea.
    c. Regular el uso de criptomonedas en transacciones comerciales.
    d. Promover el uso responsable de las redes sociales.

6. ¿Qué requieren los riesgos cibernéticos con una alta probabilidad y un impacto significativo?

    a. Utilizar un estándar de seguridad.
    b. Evitar intervenir de forma inmediata.
    c. Implementación de medidas de mitigación básicas.
    d. Una atención inmediata e implementación de medidas de mitigación.

7. ¿Cuál es una de las ventajas de utilizar la autenticación de dos factores (2FA)?

    a. Proporciona anonimato en las transacciones en línea.
    b. Permite rastrear y capturar a los delincuentes cibernéticos.
    c. Agrega una capa adicional de seguridad al requerir un código de verificación único.
    d. Reduce la necesidad de realizar copias de seguridad regulares.

8. ¿Cuál es uno de los principales beneficios de seguir las directrices de seguridad de la Norma ISO 27001?

    a. Aumento de la velocidad de conexión a internet.
    b. Cumplimiento de las regulaciones gubernamentales.
    c. Obtención de descuentos en la compra de criptomonedas.
    d. Mejora de la protección de la información y los sistemas en línea.

9. ¿Qué tipo de información confidencial podría obtener un atacante a través de un ataque de *phishing*?

    a. Nombres de usuarios y contraseñas
    b. Historial de navegación en internet

    c. Números de tarjetas de crédito de los clientes

    d. Ubicación geográfica del dispositivo

10. Rellena los siguientes huecos:

Una medida de _____ efectiva para _____ un sitio web de posibles ataques de fuerza _____ es el implementar un sistema de _____ de dos factores.

Uso seguro y crítico en Internet

Contenido

Objetivos

El objetivo general de esta Unidad de Aprendizaje es:

→ Promover el uso seguro y crítico de internet.

Los objetivos específicos de esta Unidad de Aprendizaje son:

→ Fomentar la capacidad de evaluar y analizar de forma crítica la información en línea.

→ Adoptar medidas de seguridad en el uso de internet como fuente de información.

1. Introducción

En la actual era digital, internet se ha convertido en una herramienta esencial en la vida de las personas facilitando el acceso a una amplia gama de información y servicios. Sin embargo, junto con los beneficios que ofrece, también surgen riesgos y desafíos relacionados con la seguridad y la veracidad de la información *online.* En este contexto, es transcendental la implementación de estrategias formativas y el suministro de recursos accesibles, que busquen empoderar a las personas usuarias en el uso seguro de internet.

Para este proceso de aprendizaje, nos seguiremos basando en la empresa CyberTech. A través de ella conoceremos herramientas necesarias para navegar en internet de manera segura y tomar decisiones informadas.

2. Evaluación crítica de información en línea: un paso clave hacia el uso seguro de internet

☞ HILO CONDUCTOR

CyberTech es una academia con muy buena reputación gracias a la labor de su director y profesor Sebastián. En estos días está enfocado en mostrar a su alumnado una combinación de acciones útiles para enfrentar los desafíos que se presentan en el ecosistema digital. La idea es que el alumnado sepa aprovechar al máximo y con seguridad todos los beneficios que internet tiene para ofrecer.

La **capacidad de evaluar y analizar de forma crítica la información *online*** es fundamental para garantizar un uso seguro y responsable de internet. En un mundo digital saturado de datos y contenidos, es esencial que las personas usuarias adquieran las habilidades necesarias para discernir entre información confiable y engañosa.

 **EJEMPLO**

Imagina que encuentras un artículo web que afirma que el consumo diario de una determinada fruta exótica te hará inmune a todas las enfermedades. Antes de aceptar esta afirmación como verdadera y tomar acciones basadas en ella, es crucial realizar una evaluación crítica para determinar la confiabilidad de la información.

Algunos de los **pasos** que puedes seguir para dicha evaluación son los siguientes:

- **Verificar la fuente:** examinar cuidadosamente la fuente del artículo. Se trata de investigar si la fuente tiene un historial de proporcionar información precisa y respaldada por evidencia.
- **Revisar la autoridad:** investigar la autoridad y experiencia del autor o autores del artículo.
- **Examinar la evidencia:** buscar evidencia concreta y respaldada científicamente que respalde las afirmaciones hechas en el artículo. Intentar verificar la veracidad de las fuentes citadas.
- **Buscar fuentes adicionales:** ampliar la búsqueda y consultar otras fuentes de información confiables para obtener una perspectiva más completa. Comparar las afirmaciones del artículo con la información proporcionada por expertos o instituciones reconocidas en el tema.
- **Considerar el sesgo:** analizar si el artículo muestra algún sesgo evidente. Los sesgos pueden influir en cómo se presenta la información y pueden distorsionar la objetividad. Prestar atención a posibles conflictos de interés o agendas ocultas.
- **Reflexionar antes de compartir:** antes de compartir la información con otros, reflexionar sobre su veracidad y confiabilidad. Si se tienen dudas sobre su precisión, es mejor no difundir información potencialmente engañosa.

 **NOTA**

La evaluación crítica de la información web es un proceso continuo y necesario en el entorno digital actual. Al aplicar estos pasos y cultivar una mentalidad crítica, será posible tomar decisiones más informadas y contar con protección frente a

Continúa en página siguiente >>

<< Viene de página anterior

la desinformación y los engaños en internet. Es importante tomar consciencia y actitud crítica, pues es la clave para un uso seguro y responsable de la red.

En el contexto de promover el uso seguro y crítico de internet, es fundamental abordar el riesgo, entre otros, de la inyección de código malicioso a través de las redes sociales o bien a través de mensajes o correos electrónicos.

Los ciberdelincuentes aprovechan la vulnerabilidad de los usuarios sin capacidad de evaluación crítica para introducir códigos maliciosos que comprometen la seguridad de los dispositivos y datos personales.

👁 EJEMPLO

Imagina un escenario en el que una persona usuaria navega por una red social y se encuentra con un enlace compartido que promete acceso gratuito a una aplicación de moda o a un contenido exclusivo. Sin la capacidad de evaluar críticamente la situación, el usuario puede hacer clic en el enlace sin tener en cuenta los posibles riesgos asociados.

Lo que esta persona no sabe es que ese enlace puede llevar a un sitio web fraudulento o contener un código malicioso diseñado para infectar su dispositivo. Este código puede ser un *malware* que roba información personal, un *ransomware* que bloquea el acceso a los archivos del usuario hasta que se pague un rescate, o incluso un *keylogger* que registra las pulsaciones de teclas para obtener contraseñas y datos confidenciales.

La falta de habilidades para evaluar y analizar críticamente los enlaces y contenidos en las redes sociales hace que las personas usuarias sean más susceptibles a este tipo de ataques. Los ciberdelincuentes aprovechan la confianza y la curiosidad de las personas en internet para engañar y conducir a sitios webs o descargar archivos que comprometen su seguridad.

Para protegerse contra esta amenaza, es esencial desarrollar **habilidades de evaluación crítica y conciencia** de los riesgos asociados. Los usuarios deben aprender a hacer lo siguiente:

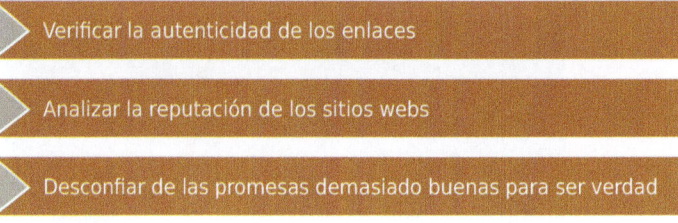

> Verificar la autenticidad de los enlaces

> Analizar la reputación de los sitios webs

> Desconfiar de las promesas demasiado buenas para ser verdad

 **IMPORTANTE**

Se ha de contar con un *software* de seguridad actualizado (antivirus) y utilizar herramientas de protección contra códigos maliciosos *(antimalware)*, que pueden brindar una capa adicional de seguridad.

APLICACIÓN PRÁCTICA

¿Cuál de las siguientes acciones es una medida efectiva para protegerse contra la inyección de código malicioso a través de las redes sociales?

- **Hacer clic en enlaces compartidos sin verificar su autenticidad.**
- **Mantener el *software* de seguridad actualizado.**
- **Descargar archivos adjuntos, aunque sean de fuentes desconocidas.**

Continúa en página siguiente >>

<< Viene de página anterior

Solución

Mantener el *software* de seguridad actualizado es una medida efectiva para protegerse contra la inyección de código malicioso a través de las redes sociales. Al mantener el *software* actualizado, se garantiza que se cuenten con las últimas protecciones contra amenazas conocidas. Esto ayuda a prevenir la ejecución de código malicioso y proteger los dispositivos y datos personales. Recuerda siempre verificar la autenticidad de los enlaces y evitar descargar archivos adjuntos de fuentes desconocidas para fortalecer aún más tu seguridad digital.

TAREA 3

Imagina que recibes un correo electrónico aparentemente proveniente de una empresa de seguridad. El mensaje contiene consejos y recomendaciones para proteger tu información personal y asegurar tus cuentas *online*. Sin embargo, dudas sobre la autenticidad y la validez de los consejos proporcionados. Tu tarea consiste en evaluar críticamente los consejos de seguridad ofrecidos y determinar su fiabilidad y calidad informativa. En base a ello, realiza una evaluación crítica de los consejos considerando los aspectos tratados a lo largo del contenido de la unidad.

---

3. Resumen

El uso seguro y crítico en internet asociado a la ciberseguridad, implica la capacidad de evaluar la información de manera indicada y consciente. Al aplicar determinados aspectos clave, se promueve la toma de decisiones seguras y se evita caer en prácticas o consejos falsos o engañosos que podrían comprometer la seguridad en línea.

Ejercicios de autoevaluación
Unidad de Aprendizaje 3

1. Indica si las siguientes afirmaciones son verdaderas o falsas.

a. En la actual era digital, internet se ha convertido en una herramienta esencial en la vida de las personas facilitando el acceso a una amplia gama de información y servicios. Sin embargo, junto con los beneficios que ofrece, también surgen riesgos y desafíos relacionados con la seguridad y la veracidad de la información *online*.

- Verdadero
- Falso

b. Es transcendental la implementación de estrategias formativas y el suministro de recursos accesibles que busquen empoderar a las personas usuarias en el uso seguro de internet.

- Verdadero
- Falso

c. En un mundo digital saturado de datos y contenidos, es esencial que las personas usuarias adquieran las habilidades necesarias para discernir entre información confiable y engañosa.

- Verdadero
- Falso

2. ¿Cuál de los siguientes es un peligro común en internet relacionado con la ciberseguridad?

a. *Phishing*
b. Información
c. Consumo de internet
d. Todas las opciones son incorrectas.

3. ¿Qué medida preventiva ayuda a protegerse contra el *malware* en línea?

a. Compartir información personal en redes sociales.
b. Mantener el *software* actualizado.

    c. Hacer clic en cualquier enlace.

    d. Usar contraseñas débiles.

4. Rellena los siguientes huecos:

La capacidad de _____ y analizar de forma _____ la información *online* es fundamental para garantizar un uso seguro y _____ de internet. En un mundo digital saturado de _____ y contenidos, es esencial que las personas usuarias adquieran las habilidades necesarias para _____ entre información confiable y _____.

5. ¿Cuál es una forma efectiva de evitar caer en un ataque de *phishing*?

    a. No compartir información personal en línea.

    b. Validar la autenticidad de correos electrónicos y enlaces antes de hacer clic.

    c. Usar la misma contraseña para todas las cuentas.

    d. Abrir archivos adjuntos de correos electrónicos desconocidos.

6. ¿Qué significa evaluar críticamente la información *online*?

    a. Creer en todo lo que se lee en internet.

    b. Analizar y cuestionar la información antes de aceptarla como verdadera.

    c. Compartir sin verificar la información en las redes sociales.

    d. Ignorar por completo la información en línea.

7. ¿Cuál de las siguientes acciones ayuda a evaluar la credibilidad de una fuente en línea?

    a. No verificar la información en diferentes fuentes.

    b. Compartir la información sin cuestionar su veracidad.

    c. Revisar la reputación y credibilidad de la fuente.

    d. No prestar atención a los errores gramaticales o de ortografía.

8. **¿Por qué es importante considerar el contexto al evaluar información en línea?**

   a. El contexto no tiene relevancia en la evaluación de la información.
   b. El contexto proporciona información adicional para evaluar la veracidad de la información.
   c. El contexto no afecta la comprensión de la información.
   d. El contexto solo es importante en situaciones *offline*.

9. **¿Cuál es un indicador de que una fuente de información en línea puede no ser confiable?**

   a. Citación de fuentes reconocidas y estudios.
   b. Coherencia y consistencia en la información presentada.
   c. Ausencia de errores gramaticales o de ortografía.
   d. Uso excesivo de lenguaje técnico sin explicación clara.

10. **¿Por qué es importante cuestionar la información en línea antes de aceptarla como verdadera?**

   a. La información en línea siempre es confiable y precisa.
   b. La información en línea puede contener errores y ser engañosa.
   c. No es necesario cuestionar la información en línea.
   d. Cuestionar la información puede llevar mucho tiempo y esfuerzo.

Conocimiento de aspectos legales, regulatorios y éticos relacionados con la protección de datos

Contenido

1. Introducción
2. Marco normativo para la protección de datos y regulaciones éticas
3. Resumen

Objetivos

El objetivo general de esta Unidad de Aprendizaje es:

→ Desarrollar un marco integral de conocimientos sobre aspectos legales, regulatorios y éticos relacionados con la protección de datos en España en el contexto de la ciberseguridad.

Los objetivos específicos de esta Unidad de Aprendizaje son:

→ Comprender la legislación y regulaciones vigentes en España en materia de protección de datos.

→ Analizar y aplicar principios éticos relevantes para la protección de datos en el ámbito de la ciberseguridad.

1. Introducción

En el actual paradigma digital, donde la información se ha convertido en uno de los activos más valiosos, la protección de datos personales se ha vuelto crucial para salvaguardar la privacidad y los derechos de las personas. En España, al igual que en muchos otros países, se han establecido normativas y regulaciones específicas para garantizar la protección de datos y regular su uso adecuado.

En este contexto, la ciberseguridad desempeña un papel fundamental. Todas estas cuestiones serán abordadas en esta unidad con la ayuda de la narrativa de Sebastián, profesor y director de la escuela de formación CyberTech.

2. Marco normativo para la protección de datos y regulaciones éticas

☞ **HILO CONDUCTOR**

María, una aventajada alumna del curso de ciberseguridad en CyberTech, lanza en clase una interesante pregunta que Sebastián se apresuró a contestar. ¿Qué normativas regulan la protección de los datos personales y por qué ello es tan importante en el contexto de la ciberseguridad?

- -

La ciberseguridad hace referencia a la protección de los sistemas informáticos, redes y datos frente a amenazas cibernéticas, como ataques de *hackers* no éticos, *malware* y robo de información. La gestión efectiva de la ciberseguridad implica no solo la implementación de medidas técnicas y tecnológicas, sino también la comprensión de los aspectos legales, regulatorios y éticos relacionados con la protección de datos.

En España, la Ley Orgánica de Protección de Datos Personales y garantía de los derechos digitales (LOPDGDD) y el Reglamento General de Protección de Datos (RGPD) de la Unión Europea son dos pilares fundamentales en la protección de datos. Estas regulaciones **establecen los derechos y obligaciones tanto de las organizaciones que manejan datos personales como de los individuos cuyos datos son procesados.**

 **PARA SABER MÁS**

Puedes profundizar más en cada una de las leyes anteriores, accediendo desde aquí:

Ley Orgánica de Protección de Datos Personales y garantía de los derechos digitales (LOPDGDD)

https://redirectoronline.com/ifct00230401

Reglamento General de Protección de Datos (RGPD) de la Unión Europea

https://redirectoronline.com/ifct00230402

A continuación, puedes conocer cuáles son los aspectos más importantes relacionados con aspectos legales, regulatorios y éticos relacionados con la protección de datos de cada norma:

➲ **Ley Orgánica de Protección de Datos Personales y garantía de los derechos digitales (LOPDGDD):**

  ↺ **Definición y clasificación de datos:** la LOPDGDD establece los conceptos clave en relación con los datos personales y los divide en diferentes categorías, como datos especialmente protegidos (religión, orientación sexual, origen étnico, etc.) y datos de menores.

- **Consentimiento y finalidad del tratamiento:** esta norma enfatiza la importancia del consentimiento del titular de los datos como base legal para el tratamiento de los mismos. Además, exige que se especifique claramente la finalidad para la cual se recopilan los datos y que esta sea legítima, determinada y explícita.
- **Derechos de los individuos:** la LOPDGDD otorga a los individuos una serie de derechos, como el de acceso, rectificación, supresión, oposición y portabilidad de sus datos personales. También establece el derecho al olvido y a no ser objeto de decisiones automatizadas.
- **Obligaciones de las organizaciones:** la normativa impone una serie de obligaciones a las organizaciones que tratan datos personales, como implementar medidas de seguridad adecuadas, notificar las brechas de seguridad, designar un Delegado de Protección de Datos (DPD) en ciertos casos y llevar registros de las actividades de tratamiento.

➲ **Reglamento General de Protección de Datos (RGPD) de la Unión Europea:**

- **Alcance extraterritorial:** el RGPD es de aplicación extraterritorial, lo que significa que se aplica a todas las organizaciones que procesan datos personales de individuos residentes en la Unión Europea, independientemente de su ubicación geográfica.
- **Principios rectores:** el RGPD establece una serie de principios rectores que deben cumplirse al procesar datos personales, como la limitación de la finalidad, minimización de datos, exactitud, integridad y confidencialidad, así como el principio de responsabilidad proactiva.
- **Consentimiento:** al igual que la LOPDGDD, el RGPD enfatiza la importancia del consentimiento del titular de los datos como base legal para el tratamiento de los mismos. El consentimiento debe ser libre, específico, informado e inequívoco, y los individuos tienen derecho a retirarlo en cualquier momento.
- **Transferencias internacionales de datos:** el RGPD establece requisitos específicos para las transferencias de datos personales fuera de la Unión Europea, asegurando que los datos sean protegidos de manera adecuada en países o entidades destinatarias fuera del Espacio Económico Europeo.
- **Sanciones y multas:** el RGPD establece la posibilidad de imponer sanciones y multas significativas en caso de incumplimiento de las disposiciones, que pueden llegar hasta el 4 % de la facturación anual global de una organización o 20 millones de euros, según el importe que resulte mayor.

IMPORTANTE

Es importante destacar que tanto la LOPDGDD como el RGPD, comparten el objetivo común de proteger los derechos fundamentales de los individuos en relación con el tratamiento de sus datos personales, y establecen mecanismos para garantizar la transparencia, la seguridad y la privacidad.

ACTIVIDAD COMPLEMENTARIA

3. Investiga y analiza el impacto de las leyes de protección de datos en el ámbito de las redes sociales. Examina cómo se aplican las regulaciones de protección de datos, como la LOPDGDD y el RGPD, en relación con la recopilación, almacenamiento y uso de datos personales por parte de las redes sociales. Investiga cómo se protege la privacidad de los usuarios, qué derechos tienen los individuos en relación con sus datos personales y cómo se lleva a cabo el consentimiento para el tratamiento de datos en estas plataformas.

Además de las regulaciones normativas, en el ámbito de la ciberseguridad es crucial tener en cuenta los **principios éticos** que deben guiar el manejo de los datos.

A continuación, se exponen estos principios:

- **Respetar la confidencialidad de la información:** este principio ético implica que aquellos que manejan datos personales deben mantener la confidencialidad de la información y asegurarse de que no se divulgue a terceros no autorizados. Esto significa implementar medidas de seguridad adecuadas, como cifrado de datos, controles de acceso y políticas de confidencialidad. Al respetar la confidencialidad de la información, se protege la privacidad de los individuos y se evita el riesgo de divulgación no autorizada o uso indebido de los datos.
- **Asegurar la integridad de los datos:** la integridad de los datos implica garantizar que la información sea precisa, completa y esté libre de modificaciones no autorizadas. Desde una perspectiva ética, es esencial asegurar que los datos no se manipulen de manera fraudulenta o malintencionada, ya que esto puede tener consecuencias negativas para

los individuos afectados y para la confianza en el manejo de datos. Para mantener la integridad de los datos se deben implementar medidas de seguridad, como controles de acceso, el uso de registros de auditoría y la validación de datos. Medidas concretas son firmas digitales o *hashes* criptográficos, que permiten detectar cualquier modificación no autorizada de la información.

➲ **Garantizar la privacidad de los individuos:** la privacidad es un derecho fundamental que debe ser respetado en el tratamiento de datos personales. Garantizar la privacidad implica proteger la información personal de los individuos de accesos no autorizados y asegurar que se utilice de acuerdo con las leyes y regulaciones aplicables. Esto significa obtener el consentimiento informado de los individuos antes de recopilar sus datos, limitar la recopilación de datos al mínimo necesario, implementar medidas de seguridad adecuadas y permitir que los individuos ejerzan sus derechos de privacidad, como el acceso y la eliminación de sus datos.

Para garantizar la privacidad de los individuos afectados, la empresa debe notificar a los usuarios sobre la brecha de seguridad y proporcionar información clara y transparente sobre el alcance del incidente. Además, debería ofrecer medidas de mitigación, como la posibilidad de cambiar contraseñas y tomar acciones para prevenir posibles abusos de los datos expuestos.

➲ **Asumir la responsabilidad en el tratamiento de datos personales:** este principio ético implica que las organizaciones y los profesionales que manejan datos personales deben asumir la responsabilidad de garantizar un tratamiento adecuado de dichos datos. Esto implica cumplir con las leyes y regulaciones aplicables, implementar medidas de seguridad adecuadas, tener políticas claras y transparentes en relación con la protección de datos y proporcionar información clara y comprensible a los individuos sobre cómo se utilizan sus datos. Asumir la responsabilidad también implica responder de manera adecuada y transparente ante cualquier incidente de seguridad o violación de datos que pueda ocurrir, tomando las medidas necesarias para mitigar los impactos y notificar a los afectados según lo requerido por la normativa vigente.

 TAREA 4

Imagina que trabajas como consultor de seguridad informática en una empresa que se dedica al desarrollo y mantenimiento de aplicaciones móviles. Recientemente, se ha detectado una brecha de seguridad en una de las aplicaciones

Continúa en página siguiente >>

<< Viene de página anterior

más populares de la empresa, que ha expuesto datos personales de los usuarios, incluyendo nombres, direcciones de correo electrónico y números de teléfono. Tu tarea consiste en analizar el caso desde una perspectiva ética y aplicar los principios éticos relevantes para la protección de datos en el ámbito de la ciberseguridad. Para ello, responde a las siguientes preguntas:

1. ¿Cuáles son los principios éticos que deberían haberse tenido en cuenta para prevenir esta brecha de seguridad?
2. ¿Qué medidas podrían haberse implementado para garantizar la confidencialidad de la información de los usuarios?
3. ¿Cómo se podría haber asegurado la integridad de los datos de los usuarios en esta situación?
4. ¿Qué acciones debería tomar la empresa para garantizar la privacidad de los individuos afectados?
5. ¿Cuál es la responsabilidad de la empresa y de los desarrolladores de la aplicación en este caso de brecha de seguridad?

---

3. Resumen

Tanto la Ley de Protección de Datos Personales y garantía de los derechos digitales (LOPDGDD), como el Reglamento General de Protección de Datos (RGPD) de la Unión Europea conforman el marco normativo de referencia para la protección de datos.

La eficaz administración de la ciberseguridad implica no solamente la adopción de medidas técnicas y tecnológicas, sino también la comprensión de los elementos legales, regulatorios y éticos asociados a la protección de datos.

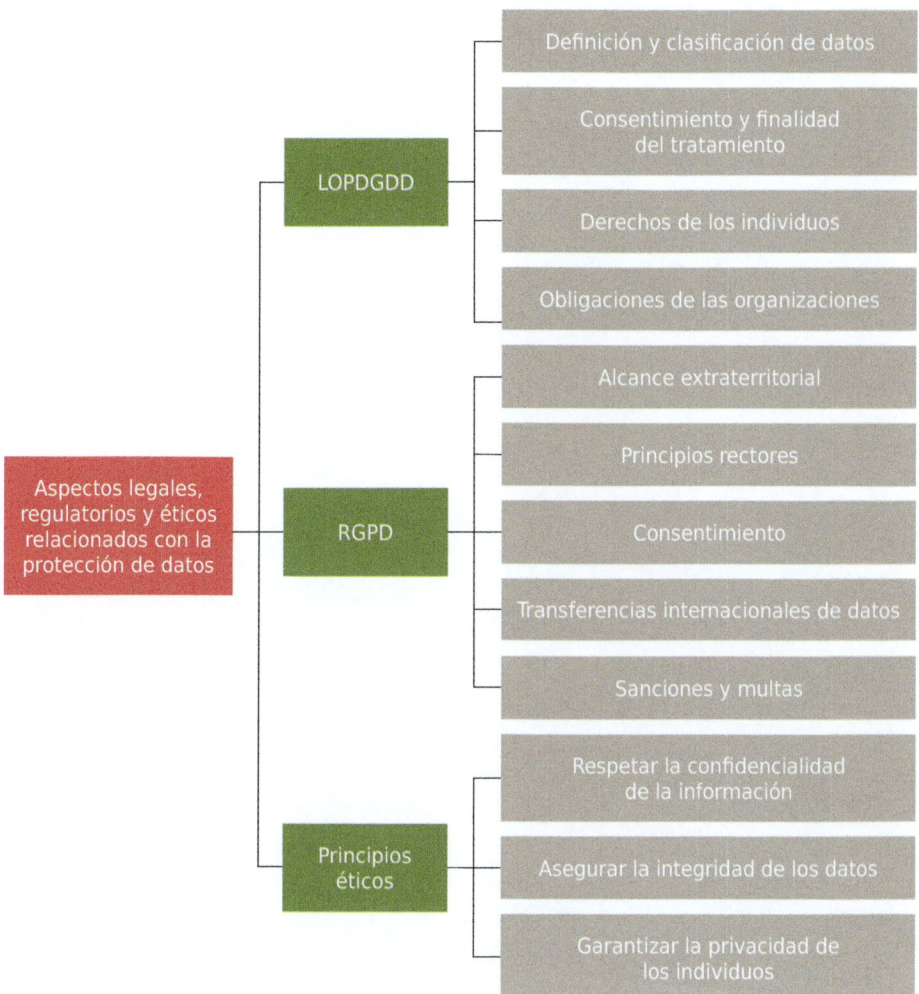

Ejercicios de autoevaluación
Unidad de Aprendizaje 4

1. **Indica si las siguientes afirmaciones son verdaderas o falsas.**

   a. En el actual paradigma digital, donde la información se ha convertido en uno de los activos más valiosos, la protección de datos personales no tiene por qué ser crucial para salvaguardar la privacidad y los derechos de las personas.

   - ■ Verdadero
   - ■ Falso

   b. En España, al igual que en muchos otros países, se han establecido normativas y regulaciones específicas para garantizar la protección de datos y regular su uso adecuado.

   - ■ Verdadero
   - ■ Falso

2. **Rellena los siguientes huecos:**

   La _____ hace referencia a la _____ de los sistemas _____, redes y datos frente a _____ cibernéticas, como ataques de _____ no éticos, *malware* y robo de _____. La gestión _____ de la ciberseguridad implica no solo la implementación de medidas técnicas y tecnológicas, sino también la comprensión de los aspectos _____, regulatorios y éticos relacionados con la protección de _____.

3. **¿Qué es la LOPDGDD?**

   a. Una normativa fuera del marco europeo
   b. Ley Orgánica de Protección de Datos Personales y garantía de los derechos digitales
   c. El Reglamento General de Protección de Datos (RGPD) de la Unión Europea
   d. Todas las opciones son incorrectas.

4. ¿Qué objetivo común comparten la LOPDGDD y el RGPD?

    a. Proteger los derechos fundamentales de los individuos en relación con el tratamiento de sus datos personales, aunque no establecen mecanismos para garantizar la transparencia, la seguridad y la privacidad.

    b. Proteger los derechos fundamentales de los individuos en relación con el tratamiento de sus datos personales y establecer mecanismos para garantizar la transparencia, la seguridad y la privacidad.

    c. Exclusivamente establecer mecanismos para garantizar la transparencia, la seguridad y la privacidad.

    d. Exclusivamente proteger los derechos fundamentales de los individuos en relación con el tratamiento de sus datos personales.

5. ¿Cuál de los siguientes enunciados no es acorde a la LOPDGDD?

    a. Establece los conceptos clave en relación con los datos personales y los divide en diferentes categorías, como datos especialmente protegidos (religión, orientación sexual, origen étnico, etc.) y datos de menores.

    b. Enfatiza la importancia del consentimiento del titular de los datos como base legal para el tratamiento de los mismos.

    c. Otorga a los individuos una serie de derechos, como el derecho de acceso, rectificación, supresión, oposición y portabilidad de sus datos personales.

    d. Impone una serie de obligaciones a las organizaciones que tratan datos personales, como implementar medidas de seguridad adecuadas, notificar las brechas de seguridad, designar un Delegado de Protección de Datos (DPD) en todos los casos y llevar registros de las actividades de tratamiento.

6. ¿Cuál es uno de los aspectos clave del alcance del Reglamento General de Protección de Datos (RGPD) de la Unión Europea?

    a. Aplica solo a organizaciones ubicadas dentro de la Unión Europea.

    b. Aplica solo a organizaciones que procesan datos personales de ciudadanos europeos.

c. Aplica extraterritorialmente a todas las organizaciones que procesan datos personales de individuos residentes en la Unión Europea, independientemente de su ubicación geográfica.
d. Aplica solo a organizaciones que procesan datos personales en el ámbito de la salud.

7. ¿Cuál de los siguientes principios rectores es establecido por el RGPD?

a. Principio de transparencia
b. Principio de retención de datos
c. Principio de responsabilidad proactiva
d. Principio de anonimización

8. ¿Cuáles son las posibles sanciones y multas establecidas por el RGPD en caso de incumplimiento?

a. Multas que ascienden al 1 % de la facturación anual global de una organización.
b. Multas que ascienden al 4 % de la facturación anual global de una organización o 20 millones de €, según el importe que resulte mayor.
c. Multas que ascienden al 10 % de la facturación anual global de una organización.
d. No se establecen sanciones o multas por incumplimiento.

9. ¿Qué implica el principio ético de respetar la confidencialidad de la información en el manejo de datos personales?

a. Compartir la información con terceros no autorizados.
b. Implementar medidas de seguridad adecuadas y asegurarse de que no se divulgue a terceros no autorizados.
c. Utilizar la información para fines no autorizados.
d. No tomar medidas de seguridad para proteger la privacidad de los individuos.

10. **¿Qué implica el principio ético de garantizar la privacidad de los individuos en el tratamiento de datos personales?**

    a. Recopilar la máxima cantidad de datos posible.

    b. No obtener el consentimiento informado de los individuos antes de recopilar sus datos.

    c. No implementar medidas de seguridad adecuadas para proteger los datos personales.

    d. Limitar la recopilación de datos al mínimo necesario y permitir que los individuos ejerzan sus derechos de privacidad.

Conocimiento sobre los ciberdelitos

Contenido

Objetivos

El objetivo general de esta Unidad de Aprendizaje es:

→ Ampliar el conocimiento sobre ciberdelitos y sus implicaciones en la sociedad actual.

Los objetivos específicos de esta Unidad de Aprendizaje son:

→ Tipificar los ciberdelitos.

→ Analizar y comprender el funcionamiento, las características y las técnicas de propagación empleados en ciberdelitos.

→ Desarrollar estrategias y medidas de prevención y mitigación efectivas contra el *ransomware*.

1. Introducción

El ciberespacio se ha convertido en un escenario en constante evolución donde tanto individuos como organizaciones interactúan, comparten información y realizan transacciones. Sin embargo, esta creciente dependencia de la tecnología también ha dado lugar a una serie de amenazas y delitos cibernéticos que ponen en peligro la seguridad y la privacidad de las personas y las instituciones.

Esta unidad está enfocada a aumentar los conocimientos sobre los ciberdelitos para poder abordarlos con mayor garantía. Para ello, nos seguiremos basando en la experiencia del centro de formación CyberTech.

2. Tipos de ciberdelitos

 **HILO CONDUCTOR**

Sebastián, el director y profesor de la escuela de formación, considera importante dedicar sesiones para explicar a su alumnado la gran variedad de actividades ilícitas que son consideradas acciones ciberdelictivas. El conocimiento y la toma de conciencia sobre las formas que adoptan los ciberdelitos es fundamental para formar y capacitar a estos futuros profesionales en el campo tecnológico.

Los **ciberdelitos** abarcan una amplia gama de actividades ilegales realizadas a través de medios electrónicos y redes informáticas.

Un ciberdelito se refiere a cualquier actividad delictiva que se lleva a cabo en el ciberespacio o mediante el uso de tecnologías de la información y la comunicación. Estos delitos implican el uso ilegal o no autorizado de sistemas informáticos, redes y dispositivos electrónicos para cometer actos ilegales, causar daño u obtener beneficios ilícitos.

Estos delitos son muy variados, pudiendo adoptar diferentes formas, como las que se muestran en el siguiente esquema:

Ataques cibernéticos
- Robo de información confidencial
- Fraudes en línea
- Ciberespionaje
- Suplantación de identidad
- Piratería informática
- Difamación en línea
- Distribución de *malware*, etc.

NOTA

Ante esta creciente amenaza, es fundamental contar con conocimientos sólidos sobre ciberdelitos y adoptar medidas de seguridad proactivas basadas en estos conocimientos. El entendimiento de las técnicas utilizadas por los ciberdelincuentes, así como la implementación de medidas preventivas y estrategias de respuesta eficaces, son cruciales para proteger la información personal y empresarial, preservar la integridad de los sistemas y garantizar un entorno digital más seguro y confiable para todos.

Los impactos de los ciberdelitos son significativos, tanto a nivel individual como a nivel empresarial y gubernamental. Las víctimas pueden sufrir pérdidas financieras, daños a su reputación, robo de identidad, violación de la privacidad y otros perjuicios. Además, los ciberdelitos representan una amenaza para la estabilidad y el funcionamiento adecuado de las instituciones, pudiendo interrumpir servicios críticos, comprometer la seguridad nacional e incluso afectar la integridad de las democracias.

Los ciberdelincuentes utilizan técnicas sofisticadas, como la **ingeniería social,** el *phishing,* la explotación de vulnerabilidades y el uso de programas maliciosos, para acceder a sistemas informáticos, obtener información confidencial, cometer fraudes o causar daños a los usuarios y a las instituciones. Además, con la expansión de internet y las tecnologías digitales, los ciberdelitos han adquirido una dimensión global, trascendiendo las fronteras nacionales y presentando desafíos significativos para la aplicación de la ley y la seguridad cibernética a nivel mundial.

SABÍAS QUE...

La ingeniería social es una técnica utilizada por los ciberdelincuentes para manipular y engañar a las personas con el fin de obtener información confidencial, acceso a sistemas informáticos o realizar acciones perjudiciales. Consiste en el aprovechamiento de la psicología humana, la confianza y la persuasión para obtener beneficios ilícitos. A través de tácticas como el *phishing,* el *pretexting* o el uso de información falsa, los atacantes logran que las personas revelen datos sensibles o realicen acciones no deseadas, comprometiendo la seguridad y privacidad de los individuos y las organizaciones.

El pretexting es una técnica de ingeniería social que involucra el uso de una historia o pretexto falso para obtener información personal o confidencial de una persona. En este tipo de ataque, la persona perpetradora del ataque se presenta como alguien que tiene autoridad o legitimidad para solicitar ciertos datos, como contraseñas, números de seguridad social, información financiera, etc.; a través de engaño y manipulación de la víctima con tácticas persuasivas para ganar su confianza y hacerla creer que es necesario revelar la información solicitada.

3. La amenaza del temido *ransomware*

☞ HILO CONDUCTOR

Susana, es una alumna muy aplicada, su curiosidad le lleva a formular en el aula cuestiones muy interesantes. Ella pregunta en voz alta qué tipo de ciberamenaza es la que más daño está causando actualmente tanto a los usuarios particulares como a las empresas, instituciones y los diferentes gobiernos.

- -

Una de las herramientas empleadas por la ciberdelincuencia para acometer ciberdelitos de gran impacto, más allá del engaño mediante técnicas de ingeniería social, es el temido **ransomware.**

✎ DEFINICIÓN

Ransomware

Forma específica de ciberdelito que ha ganado popularidad en los últimos años. Se trata de un tipo de *malware* (código o *software* malicioso) diseñado para bloquear el acceso a archivos o sistemas informáticos, generalmente mediante la encriptación de datos, y luego exigir un rescate *(ransom)* a cambio de restaurar el acceso.

- -

Se trata de uno de los *malwares* más peligrosos, que puede tener un efecto devastador tanto para los individuos como para las organizaciones, ya que puede causar las pérdidas de datos críticos, interrupción de operaciones comerciales, pérdidas de ingresos y daño a la reputación.

Para hacer frente a este temido código malicioso, es fundamental tomar medidas básicas preventivas:

> Mantener actualizados los sistemas y *software*.

> Realizar copias de seguridad regulares.

Continúa en página siguiente >>

<< Viene de página anterior

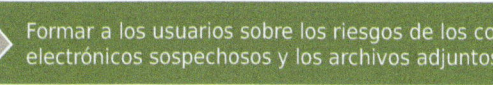

Formar a los usuarios sobre los riesgos de los correos electrónicos sospechosos y los archivos adjuntos desconocidos.

 SABÍAS QUE...

Los ciberdelincuentes detrás del *ransomware* exigen un pago, generalmente en criptomonedas, a cambio de proporcionar una clave o herramienta de desencriptación que permita recuperar los archivos o restaurar el acceso al sistema. Sin embargo, no existe ninguna garantía de que los delincuentes cumplan su promesa después de recibir el rescate y, en muchos casos, incluso después del pago, los archivos pueden permanecer inaccesibles o los sistemas pueden seguir comprometidos.

El *ransomware* se propaga, principalmente, a través de técnicas como correos electrónicos de *phishing,* descargas de archivos adjuntos maliciosos, visitas a sitios webs comprometidos o a través de la explotación de vulnerabilidades en el sistema operativo o aplicaciones desactualizadas.

A continuación, se muestra un ejemplo que ilustra cómo funciona este peligroso código malicioso llamado *ransomware.*

 EJEMPLO

Imagina que Juan, un empresario, recibe un correo electrónico aparentemente legítimo con un archivo adjunto de apariencia inofensiva. Sin sospechar nada, abre el archivo adjunto y, sin saberlo, ejecuta un código malicioso. En cuestión de segundos, su ordenador se infecta con el temido *ransomware.* Después de la infección, el *ransomware* comienza a cifrar los archivos importantes de Juan, como documentos, imágenes y bases de datos, utilizando un algoritmo de cifrado fuerte. Una vez que los archivos están encriptados, el *ransomware* muestra una nota de rescate en la pantalla de Juan, indicando que debe pagar una cierta

Continúa en página siguiente >>

<< Viene de página anterior

cantidad de dinero en criptomonedas dentro de un plazo determinado si desea obtener la clave para desbloquear sus archivos.

Si Juan no paga el rescate dentro del plazo establecido, los atacantes pueden amenazar con eliminar permanentemente los archivos cifrados o aumentar la cantidad del rescate. Por otro lado, si Juan decide pagar el rescate, no hay garantía de que los atacantes cumplan su promesa y le proporcionen la clave de descifrado.

Ahora es fácil imaginar el daño que podría causar un *ransomware* a un simple usuario, a una empresa, negocio, institución o gobierno.

Los rescates de *ransomware* se suelen solicitar en criptomonedas, debido a varias razones estratégicas para los ciberdelincuentes.

Algunos de estos motivos son:

- **Anonimato.** Las criptomonedas, como *bitcoin,* ofrecen un alto grado de anonimato en las transacciones. A diferencia de las transacciones financieras tradicionales, las criptomonedas no están directamente vinculadas a identidades personales, lo que dificulta el rastreo de los fondos y la identificación de los delincuentes. Esto les permite a los atacantes ocultar su identidad y evadir la persecución legal.
- **Dificultad de rastreo.** Las transacciones en criptomonedas se realizan a través de una cadena de bloques descentralizada y distribuida, lo que dificulta el seguimiento de los fondos. Aunque las transacciones de criptomonedas son registradas en la cadena de bloques, identificar a los destinatarios y rastrear las transacciones específicas puede ser un desafío, especialmente si los delincuentes utilizan técnicas para ocultar su actividad, como mezcladores de criptomonedas.
- **Facilidad y rapidez de transferencia.** Las criptomonedas permiten realizar transacciones de forma rápida y directa sin la necesidad de intermediarios financieros, como bancos o sistemas de pago tradicionales. Esto facilita a los delincuentes recibir los pagos de rescate de manera rápida y sin obstáculos.
- **Alcance global.** Las criptomonedas son una forma de pago digital global que no está limitada por fronteras geográficas o restricciones financieras internacionales. Esto significa que los ciberdelincuentes pueden recibir pagos de rescate de víctimas de todo el mundo sin preocuparse por las barreras legales o las diferencias en los sistemas bancarios.

 **NOTA**

Es importante destacar que el uso de criptomonedas en los rescates de *ransomware* no solo beneficia a los atacantes, sino que también puede generar un debate sobre la regulación y la responsabilidad de las plataformas de criptomonedas para prevenir o rastrear este tipo de actividades ilícitas. Las autoridades y las empresas de seguridad cibernética trabajan continuamente para abordar estos desafíos y buscar soluciones eficaces para combatir el *ransomware* y proteger a las víctimas.

 APLICACIÓN PRÁCTICA

¿Qué dificulta la recuperación de los pagos realizados en criptomonedas en caso de un ataque de *ransomware* exitoso?

Solución

La capacidad de los atacantes para enmascarar y ocultar las transacciones en la cadena de bloques de las criptomonedas dificulta la recuperación de los pagos realizados. Asimismo, la naturaleza descentralizada del dinero virtual y la falta de regulación facilitan que los atacantes puedan ocultar sus movimientos y hacer que sea extremadamente difícil rastrear y recuperar los fondos.

 TAREA 5

En una empresa de servicios financieros, se detectó un ataque de *ransomware* que afectó a varios sistemas informáticos. El *ransomware* utilizado se propagó a través de un correo electrónico de *phishing,* que contenía un archivo adjunto malicioso. Una vez que el archivo se abrió, el *ransomware* se ejecutó y comenzó a cifrar los archivos críticos de la empresa.

En base a ello, responde a la siguiente pregunta. ¿Cuáles son las posibles técnicas de propagación empleadas en este caso de ataque de *ransomware*?

4. Resumen

Es crucial tener conocimientos sólidos sobre ciberdelitos, para poder protegerse de manera efectiva y responder adecuadamente a estas amenazas en el entorno digital actual. Para ello, no hay que olvidar estos aspectos clave:

> Los ciberdelitos son actividades delictivas realizadas en el ciberespacio o mediante el uso de tecnologías de la información y la comunicación.

> El *ransomware* es una forma específica de ciberdelito que implica el uso de *malware* para bloquear el acceso a archivos o sistemas y exigir un rescate a cambio de restaurar el acceso.

> La ingeniería social es una técnica utilizada por los ciberdelincuentes para manipular y engañar a las personas con el fin de obtener información confidencial o realizar acciones perjudiciales.

> El *ransomware* se propaga a través de diversas técnicas, como correos electrónicos de *phishing*, descargas de *software* malicioso, vulnerabilidades de seguridad o sitios webs comprometidos.

> Los ciberdelincuentes emplean tácticas sofisticadas, como el uso de historias falsas o pretextos, para obtener información personal o confidencial de las víctimas.

> El análisis y comprensión en profundidad del funcionamiento, características y técnicas de propagación empleadas en ciberdelitos con *ransomware* es esencial para la prevención, detección y respuesta efectiva a estos ataques.

> Las medidas de seguridad proactivas, la concienciación sobre las mejores prácticas de seguridad cibernética y la colaboración entre gobiernos, empresas y usuarios individuales son fundamentales para combatir los ciberdelitos y proteger la información personal y empresarial.

Ejercicios de autoevaluación
Unidad de Aprendizaje 5

1. Indica si las siguientes oraciones son verdaderas o falsas.

a. Un *ransomware* es un tipo de ciberdelito empleado por la ciberdelincuencia que bloquea archivos y sistemas usando un código malicioso.

- ■ Verdadero
- ■ Falso

b. La técnica comúnmente utilizada para propagar el *ransomware* es mediante las actualizaciones automáticas de sistemas operativos.

- ■ Verdadero
- ■ Falso

2. Rellena los siguientes huecos:

Un _____ se refiere a cualquier actividad _____ que se lleva a cabo en el ciberespacio o mediante el _____ de tecnologías de la _____ y la comunicación. Estos delitos implican el uso _____ o no autorizado de sistemas _____, _____ y dispositivos _____ para cometer actos ilegales, causar daño u obtener beneficios _____.

3. ¿Qué es la ingeniería social?

a. Una técnica de encriptación de datos.
b. Un tipo de ataque cibernético.
c. El estudio de la interacción humana en línea.
d. Una táctica de manipulación y engaño para obtener información confidencial.

4. ¿Cuál es el objetivo del *ransomware?*

a. Acceder a sistemas informáticos de manera legítima.
b. Proporcionar seguridad adicional a los archivos.
c. Bloquear el acceso a archivos o sistemas y exigir un rescate.
d. Difundir información falsa en línea.

5. ¿Cuál de las siguientes opciones es una medida de seguridad proactiva contra el *ransomware*?

    a. Mantener actualizado el *software* de seguridad.
    b. Compartir contraseñas con personas de confianza.
    c. Abrir correos electrónicos de remitentes desconocidos sin precaución.
    d. Descargar archivos adjuntos de fuentes no verificadas.

6. ¿Cuál es la técnica más común utilizada para propagar el *ransomware* a través de correos electrónicos?

    a. Suplantación de identidad.
    b. Encriptación de archivos.
    c. Uso de archivos adjuntos maliciosos.
    d. Utilización de enlaces fraudulentos.

7. ¿Cuál es el objetivo principal de la ingeniería social en relación con el *ransomware*?

    a. Proteger la información personal.
    b. Obtener acceso no autorizado a sistemas informáticos.
    c. Proporcionar medidas de seguridad adicionales.
    d. Manipular a las personas para revelar información confidencial.

8. ¿Cuál es una de las consecuencias comunes del *ransomware* para las víctimas?

    a. Actualización automática de sistemas operativos.
    b. Pérdida de datos importantes.
    c. Incremento de la velocidad de conexión a internet.
    d. Mayor protección contra ataques cibernéticos.

9. ¿Por qué es importante comprender el funcionamiento y las técnicas de propagación del *ransomware*?

    a. Para evitar actualizaciones automáticas del sistema.
    b. Para mejorar la velocidad de conexión a internet.
    c. Para prevenir y mitigar ataques de *ransomware*.
    d. Para compartir información personal con terceros.

10. **¿Cuál es el objetivo principal de los ciberdelincuentes detrás del ciberdelito con _ransomware?_**

a. Proteger la información confidencial.
b. Ayudar a las víctimas a recuperar sus datos.
c. Obtener beneficios económicos a través del rescate.
d. Promover la seguridad cibernética en la sociedad.

Unidad de Aprendizaje 6

Adaptación de medidas sobre cómo protegerse del ingreso de intrusos

Contenido

1. Introducción
2. Medidas básicas de protección frente a intrusos
3. Resumen

Objetivos

El objetivo general de esta Unidad de Aprendizaje es:

→ Mejorar la seguridad y protección personal en el ámbito de la ciberseguridad, mediante la implementación de medidas efectivas.

Los objetivos específicos de esta Unidad de Aprendizaje son:

→ Desarrollar pautas claras y prácticas sobre cómo protegerse del ingreso de intrusos en entornos digitales.

→ Analizar cómo proporcionar a los usuarios las herramientas y conocimientos necesarios para fortalecer la seguridad de sus sistemas y dispositivos personales.

1. Introducción

En la actual era digital, donde la tecnología y la conectividad juegan un papel fundamental en la vida de las personas, la protección de los sistemas y dispositivos personales contra intrusos no autorizados se ha convertido en una prioridad esencial. La ciberseguridad personal es una necesidad cada vez más apremiante, ya que los delincuentes cibernéticos buscan constantemente aprovechar las vulnerabilidades para acceder a nuestra información personal, financiera y confidencial.

La adaptación de medidas efectivas para protegerse del ingreso de intrusos se vuelve imprescindible. Esta unidad tiene como objetivo establecer pautas y recomendaciones sobre cómo fortalecer la seguridad personal en el ámbito de la ciberseguridad.

A lo largo del contenido, conducido por la empresa de formación CyberTech, se encontrarán soluciones para mejorar la seguridad personal en entornos digitales. Al seguir estas directrices, los usuarios de internet estarán un paso más cerca de salvaguardar la información y preservar la privacidad en un mundo cada vez más interconectado.

2. Medidas básicas de protección frente a intrusos

☞ **HILO CONDUCTOR**

Más allá de conocer cómo los ciberdelincuentes son capaces de emplear técnicas para atacar sistemas informáticos, en CyberTech se pone gran énfasis en explicar a su alumnado cuáles son las medidas de seguridad que sirven de muro de contención en las prácticas diarias a la entrada de intrusos.

En la actualidad, el uso de dispositivos móviles se ha vuelto una parte fundamental de la vida diaria de las personas. Estos dispositivos, como teléfonos inteligentes y tabletas, permiten la conectividad constante, acceder a información, realizar transacciones financieras, comunicar con terceros y disfrutar de una amplia gama de servicios y aplicaciones. Sin embargo, esta creciente dependencia de la tecnología también conlleva riesgos significativos.

Protegerse del ingreso de intrusos en el ámbito de la ciberseguridad personal es esencial en la vida diaria de cualquier persona.

 **NOTA**

A medida que aumenta la interacción con el mundo digital a través de los dispositivos móviles, los intrusos y delincuentes cibernéticos encuentran oportunidades para acceder a la información personal y realizar actividades maliciosas. Estos intrusos pueden robar datos confidenciales como contraseñas, información financiera o datos de identidad, causando daños financieros y perjuicios a nuestra privacidad.

Además, los dispositivos móviles son propensos a pérdidas o robos, lo que implica el riesgo de que los datos caigan en manos equivocadas. Si no se toman medidas adecuadas de protección, los intrusos pueden acceder a los correos electrónicos, mensajes de texto, fotos, vídeos y archivos personales, lo que puede tener consecuencias devastadoras para la vida privada y profesional.

Es por todo eso que adoptar medidas de protección frente a intrusos se vuelve de vital importancia. Al implementar buenas prácticas de ciberseguridad, como actualizar contraseñas, mantener el *software* actualizado, utilizar *software* antivirus, tener cuidado al conectarse a redes wifi públicas (evitarlas es la mejor opción) y proteger la información personal, es posible reducir, en gran medida, los riesgos y proteger la privacidad y seguridad en el entorno digital.

A continuación, se muestra y explica una relación de medidas básicas que pueden adoptarse a fin de aumentar la protección frente a intrusos y disminuir así los riesgos de sufrir ciberataques en el uso cotidiano de la tecnología conectada a internet.

Las principales **medidas preventivas de protección** son las siguientes:

➲ **Actualizar y fortificar contraseñas:**

   ◉ Cambiar regularmente las contraseñas de todas las cuentas digitales, utilizando combinaciones de letras, números y caracteres especiales.
   ◉ Evitar el uso de contraseñas obvias o fáciles de adivinar, como fechas de nacimiento o nombres de mascotas.
   ◉ Utilizar autenticación de dos factores siempre que esté disponible para agregar una capa adicional de seguridad.
   ◉ Ejemplo: María es una usuaria frecuente de redes sociales. Para proteger su cuenta de *Facebook*, decide cambiar su contraseña cada tres meses y utiliza una combinación de letras mayúsculas, minúsculas, números y símbolos para crear una contraseña segura.

➲ **Mantener los sistemas operativos y aplicaciones actualizados:**

   ◉ Instalar las actualizaciones de seguridad y parches proporcionados por los fabricantes de sistemas operativos y aplicaciones.
   ◉ Configurar las actualizaciones automáticas para garantizar que los dispositivos estén siempre protegidos contra las últimas amenazas.
   ◉ Eliminar o actualizar las aplicaciones que ya no se utilizan para evitar posibles vulnerabilidades.
   ◉ Ejemplo: Carlos utiliza un teléfono inteligente con sistema operativo *Android*. Regularmente verifica las actualizaciones disponibles y las instala de inmediato para asegurarse de que su dispositivo esté protegido contra las últimas amenazas de seguridad.

➲ **Limitar la concesión de permisos de las aplicaciones instaladas:** Muchas aplicaciones solicitan acceso a diferentes funciones y datos de nuestros dispositivos, pero no todas esas solicitudes son necesarias para el correcto funcionamiento de la aplicación. Es importante revisar y limitar los permisos que se conceden a las aplicaciones para evitar que accedan a información confidencial sin la correspondiente autorización. Por ejemplo, al descargar una aplicación de edición de fotos, es posible que solicite acceso a nuestra cámara, álbum de fotos, contactos y ubicación. Sin embargo, si solo necesitamos utilizar la función de edición de fotos, no hay necesidad de otorgarle permisos para acceder a nuestros contactos o ubicación. Al limitar los permisos de esta aplicación y solo conceder los estrictamente necesarios, reducimos el riesgo de que nuestra información personal se vea comprometida en caso de una vulnerabilidad de seguridad en la aplicación.

⮥ **Utilizar *software* antivirus y *antimalware*:**

- ◊ Instalar y mantener actualizado un programa antivirus confiable en todos los dispositivos.
- ◊ Realizar escaneos periódicos en busca de posibles amenazas y eliminar cualquier *software* malicioso detectado.
- ◊ Evitar descargar archivos adjuntos o hacer clic en enlaces sospechosos en correos electrónicos o mensajes no solicitados.
- ◊ Ejemplo: Laura utiliza un ordenador portátil para trabajar y navegar por internet. Ha instalado un *software* antivirus actualizado y realiza escaneos semanales para detectar y eliminar cualquier *malware* que pueda poner en riesgo su información personal.

⮥ **Hacer uso seguro de wifi públicas:**

- ◊ En la medida que sea posible, no conectarse a redes wifi públicas.
- ◊ Evitar realizar transacciones financieras o acceder a información confidencial en redes wifi públicas no seguras.
- ◊ Utilizar una red privada virtual (VPN) al conectarse a redes wifi públicas para cifrar y proteger los datos transmitidos.
- ◊ Desactivar la configuración de conexión automática a redes wifi desconocidas en los dispositivos.
- ◊ Ejemplo: Juan se encuentra en un café y necesita acceder a su cuenta bancaria *online*. En lugar de utilizar la red wifi abierta del café, utiliza la conexión a internet de su teléfono móvil (datos móviles) o establece una conexión a través de una VPN para proteger su información confidencial de posibles intrusos.

⮥ **Vigilar y proteger la información personal:**

- ◊ Evitar compartir información personal sensible en sitios webs no seguros o con personas desconocidas.
- ◊ Configurar opciones de privacidad adecuadas en las redes sociales y revisar periódicamente la configuración de privacidad.
- ◊ Tener cuidado al descargar aplicaciones de fuentes no confiables y revisar los permisos de acceso que solicitan.
- ◊ Ejemplo: Pedro está interesado en descargar una aplicación de juegos en su teléfono. Antes de hacerlo, verifica las reseñas y las políticas de privacidad de la aplicación para asegurarse de que su información personal estará protegida y no se compartirá con terceros no autorizados.

ACTIVIDAD COMPLEMENTARIA

4. Lee atentamente el siguiente artículo del portal de INCIBE (Instituto Nacional de Ciberseguridad) titulado: *¿Es mi móvil una puerta de entrada a los ciberdelincuentes?* (INCIBE, 2023). Para ello accede desde aquí:

https://redirectoronline.com/ifct00230601

Una vez leído el artículo, responde en a la siguiente pregunta:

¿Qué prácticas has llevado a cabo en el uso de tu dispositivo móvil que puede constituir una fuente de riesgos cibernéticos?

2.1. Los riesgos de las redes wifi públicas

La ciberdelincuencia aprovecha las conexiones de los usuarios a redes wifi públicas para llevar a cabo intrusiones debido a las características inherentes de este tipo de redes. A continuación, se exponen las principales formas en que los ciberdelincuentes aprovechan las conexiones a wifi públicas para acometer intrusiones y llevar a cabo acciones ciberdelictivas:

- **Ecosistema de conexión inseguro:** las redes wifi públicas, a menudo, carecen de medidas de seguridad adecuadas. Esto significa que cualquier persona puede acceder a ellas sin necesidad de autenticación o contraseña. Los ciberdelincuentes pueden configurar puntos de acceso falsos que se asemejen a las redes legítimas, engañando a los usuarios para que se conecten a ellos. Al conectarse a una red falsa, los delincuentes pueden interceptar el tráfico de datos de los usuarios y realizar ataques de intermediario para obtener información confidencial, como nombres de usuario, contraseñas o datos bancarios.
- **Ecosistema perfecto para aplicar técnicas de *sniffing*:** los ciberdelincuentes pueden utilizar técnicas de *sniffing* para interceptar y analizar

el tráfico de red en una red wifi pública. Al hacer esto, pueden capturar datos sensibles que viajan a través de la red, como correos electrónicos, mensajes de texto, información de inicio de sesión o datos bancarios. Esta técnica les permite recopilar información valiosa sin la necesidad de ingresar directamente en los dispositivos de los usuarios.

⮑ **Ecosistema perfecto para ejecutar ataques "de hombre en el medio":** los ataques MITM (Ataques de hombre en el medio *Man-in-the-Middle,* MITM) ocurren cuando un ciberdelincuente se interpone en la comunicación entre dos partes legítimas sin que ninguna de ellas lo sepa. En una red wifi pública, un atacante puede insertarse entre el dispositivo de un usuario y el punto de acceso, interceptando y manipulando los datos en tiempo real. Esto les permite capturar información confidencial, como contraseñas, realizar ataques de *phishing* o, incluso, redirigir a los usuarios a sitios webs maliciosos.

2.2. Medidas de seguridad en conexiones wifi públicas

Para protegerse de estas intrusiones en conexiones wifi públicas, se deben tomar las siguientes **medidas de seguridad:**

1. Evitar el uso de redes wifi públicas no seguras siempre que sea posible. Si es necesario conectarse a una, asegurarse de que sea una red legítima y de confianza.
2. Utilizar una red privada virtual (VPN). Una VPN cifra la conexión a internet y redirige el tráfico a través de un servidor seguro, lo que dificulta que los ciberdelincuentes accedan y capturen datos. De esta manera, se protege la privacidad y la seguridad en la conexión a redes wifi públicas.
3. No realizar transacciones financieras o acceder a información confidencial mientras se está conectado a una red wifi pública. Es preferible utilizar la conexión de datos móviles o esperar a tener acceso a una red segura.
4. Mantener el *software* y las aplicaciones actualizadas en los dispositivos para protegerse contra vulnerabilidades conocidas.
5. Utilizar soluciones de seguridad, como *firewalls* y *softwares* antivirus, en los dispositivos para detectar y bloquear posibles amenazas.

TAREA 6

Marcos quiere comenzar a utilizar una conocida red profesional que le ayudará a conocer qué se está demandando en el ecosistema laboral. Este usuario tan solo quiere visualizar contenido de empresas, ofertas de trabajo y qué hacen otros usuarios.

En base a ello, ¿qué podría hacer Marcos para evitar que accedan a información confidencial sin su autorización?

---

3. Resumen

Debido al uso cada vez más frecuente de dispositivos móviles y la amplia gama de actividades que se realizan a través de estas u otras tecnologías, es crucial que se tomen precauciones y adopten medidas de protección adecuadas para salvaguardar la información personal y evitar ser víctimas de intrusos cibernéticos. Al hacerlo, es posible disfrutar de los beneficios de la tecnología de manera más segura y sin comprometer la privacidad y seguridad.

Entre las medidas básicas de protección están las siguientes:

Medidas sobre cómo protegerse del ingreso de intrusos
- Actualizar y fortificar contraseñas. - Mantener los sistemas operativos y aplicaciones actualizados. - Limitar la concesión de permisos de las aplicaciones instaladas. - Utilizar *software* antivirus y *antimalware*. - Hacer uso seguro de wifi públicas. - Vigilar y proteger la información personal.

Ejercicios de autoevaluación
Unidad de Aprendizaje 6

1. Indica si las siguientes oraciones son verdaderas o falsas.

a. La ciberseguridad personal es una necesidad cada vez más apremiante, ya que los delincuentes cibernéticos buscan constantemente aprovechar las vulnerabilidades para acceder a nuestra información personal, financiera y confidencial.

- ■ Verdadero
- ■ Falso

b. A medida que aumenta nuestra interacción con el mundo digital a través de los dispositivos móviles, los intrusos y delincuentes cibernéticos encuentran mayores dificultades para acceder a la información personal y realizar actividades maliciosas.

- ■ Verdadero
- ■ Falso

2. ¿Cuál de las siguientes medidas está recomendada para protegerse del ingreso de intrusos en dispositivos móviles?

a. Actualizar regularmente el *software* y las contraseñas.
b. Compartir información personal en redes sociales.
c. Descargar aplicaciones de fuentes no confiables.
d. Utilizar contraseñas débiles.

3. ¿Qué es una red privada virtual (VPN)?

a. Una red inalámbrica segura para uso público.
b. Un programa antivirus para dispositivos móviles.
c. Un método para cifrar y proteger la conexión a internet.
d. Una técnica de *phishing* para robar contraseñas.

4. **¿Cuál es uno de los riesgos asociados con el uso de redes wifi públicas no seguras?**

    a. Mayor velocidad de conexión.
    b. Acceso seguro a información confidencial.
    c. Interceptación de datos por parte de intrusos.
    d. Reducción de la exposición a ciberataques.

5. **¿Por qué es importante limitar la concesión de permisos a las aplicaciones instaladas en dispositivos móviles?**

    a. Para mejorar la velocidad de las aplicaciones.
    b. Para ahorrar espacio en el dispositivo.
    c. Para evitar que las aplicaciones accedan a información confidencial innecesaria.
    d. Para facilitar la instalación de nuevas aplicaciones.

6. **¿Qué medida es recomendada al utilizar redes wifi públicas?**

    a. Realizar transacciones financieras sin precaución.
    b. Desactivar las actualizaciones automáticas del dispositivo.
    c. Utilizar una red privada virtual (VPN).
    d. Compartir contraseñas con amigos cercanos.

7. **¿Qué es el *sniffing* de red en el contexto de la ciberseguridad?**

    a. Una técnica para proteger los datos de los usuarios en redes wifi.
    b. Un tipo de ataque que intercepta y analiza el tráfico de red.
    c. Una forma de garantizar la velocidad de conexión en redes públicas.
    d. Un proceso de actualización del *software* de seguridad.

8. **¿Cuál es una buena práctica para proteger la información personal en línea?**

    a. Compartir contraseñas con familiares cercanos.
    b. Configurar opciones de privacidad adecuadas en redes sociales.

    c. Descargar aplicaciones de cualquier fuente sin verificar su confiabilidad.

    d. Utilizar contraseñas cortas y fáciles de recordar.

9. ¿Cuál es una medida recomendada para protegerse contra la ciberdelincuencia en dispositivos móviles?

    a. No realizar actualizaciones del sistema operativo.

    b. Compartir información personal en correos electrónicos no seguros.

    c. Utilizar *software* antivirus y *antimalware* actualizado.

    d. Descargar aplicaciones de sitios webs desconocidos.

10. ¿Por qué es importante cambiar regularmente las contraseñas de nuestras cuentas digitales?

    a. Para olvidarlas y dificultar el acceso a nuestras cuentas.

    b. Para reducir la velocidad de inicio de sesión.

    c. Para evitar el uso de contraseñas obvias o fáciles de adivinar.

    d. Para facilitar el acceso de intrusos a nuestras cuentas.

Asimilación de la teoría de nodos y lazos

Contenido

Objetivos

El objetivo general de esta Unidad de Aprendizaje es:

→ Desarrollar un marco teórico que permita asimilar la teoría de nodos y lazos en el ámbito de la ciberseguridad.

Los objetivos específicos de esta Unidad de Aprendizaje son:

→ Analizar la teoría de nodos y lazos en el contexto de la ciberseguridad.

→ Identificar los principios fundamentales de la teoría y su aplicabilidad en la detección y mitigación de amenazas cibernéticas.

1. Introducción

En el campo de la ciberseguridad, el conocimiento y entendimiento de las interconexiones y dependencias entre los diferentes elementos de los sistemas y redes digitales es fundamental para garantizar su protección efectiva. En este sentido, la teoría de nodos y lazos se presenta como un marco teórico que permite analizar y comprender estas relaciones complejas.

El objetivo general de esta unidad consiste en desarrollar un marco teórico sólido y práctico que facilite la correcta asimilación de la teoría de nodos y lazos en el ámbito de la ciberseguridad.

El relato de CyberTech servirá para mejorar la comprensión y el manejo de las interconexiones y dependencias existentes en los sistemas y redes digitales, lo que, a su vez, contribuirá a fortalecer la detección y mitigación de amenazas cibernéticas.

2. La teoría de nodos y lazos

☞ HILO CONDUCTOR

A Sebastián no le resulta fácil explicar los grandes riesgos a los que las personas se someten en el día a día por utilizar la tecnología sin un nivel de concienciación en ciberseguridad. Para hacerlo más fácil, ofrece una certera explicación valiéndose de la teoría de nodos y lazos. Solo así y con este conocimiento cada usuario será consciente de los riesgos y aplicará medidas de protección.

La **teoría de nodos y lazos,** también conocida como **teoría de redes,** es un enfoque conceptual y analítico que se utiliza para estudiar las relaciones y conexiones entre diferentes elementos en un sistema o una red.

En el contexto de la ciberseguridad, la teoría de redes se aplica para comprender las interconexiones y dependencias entre los diversos componentes de los sistemas y redes digitales, y cómo estas relaciones pueden afectar la seguridad y la resiliencia de dichos sistemas.

En esta teoría de redes (o teoría de nodos y lazos), un **nodo** representa un elemento o entidad individual dentro del sistema, como un ordenador, un servidor, un dispositivo de red o incluso una persona. Los nodos están interconectados a través de los **lazos,** que representan las conexiones o relaciones entre ellos. Estos lazos pueden ser físicos (por ejemplo, cables de red) o lógicos (por ejemplo, comunicación a través de protocolos de red).

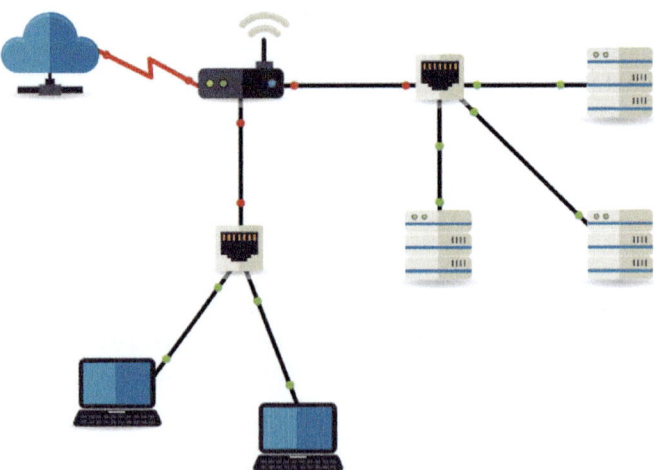

Representación de nodos y lazos de un sistema de información

 **IMPORTANTE**

La teoría de nodos y lazos permite analizar y comprender cómo la falla o la vulnerabilidad de un nodo, puede propagarse a través de los lazos, afectando a otros nodos y comprometiendo la seguridad global del sistema o la red. Del mismo modo, también ayuda a identificar cómo fortalecer la seguridad de un sistema al reforzar los lazos críticos y proteger los nodos más vulnerables.

2.1. La ciberseguridad y la teoría de nodos y lazos

Este enfoque de la teoría de nodos y lazos se utiliza en la ciberseguridad para modelar y visualizar las interconexiones entre los activos digitales, comprender las rutas de propagación de amenazas y ataques, y desarrollar estrategias de defensa más efectivas.

 **IMPORTANTE**

Al comprender cómo los nodos y los lazos interactúan en un sistema o red digital, los profesionales de la ciberseguridad pueden implementar medidas de protección más sólidas y responder de manera más eficiente ante incidentes de seguridad.

El desarrollo de un marco teórico sólido y práctico en ciberseguridad basado en la teoría de nodos y lazos se vuelve esencial, debido a la creciente complejidad y sofisticación de las amenazas cibernéticas. La comprensión de cómo los nodos interactúan entre sí y cómo las vulnerabilidades y ataques se propagan a través de las interconexiones permite implementar estrategias de defensa más eficaces y prever posibles consecuencias en caso de fallos o brechas de seguridad.

Este marco teórico puede ser útil para que cualquier persona usuaria de internet comprenda mejor la infraestructura y la seguridad en línea. A continuación, se plantea información relevante sobre la teoría de nodos y lazos dirigida a todo tipo de usuarios de internet:

- **Interconexiones:** la teoría de nodos y lazos resalta que los diversos elementos en internet, como sitios webs, servidores, dispositivos y usuarios, están interconectados. Esto significa que las acciones y eventos en un nodo pueden tener un impacto en otros nodos conectados. Por lo tanto, es importante tener en cuenta cómo nuestras acciones en línea pueden afectar la seguridad de otros usuarios y sistemas.

- **Dependencias:** la teoría de nodos y lazos destaca que los nodos en una red dependen unos de otros en cierta medida. Por ejemplo, un sitio web puede depender de un servidor para su funcionamiento. Esta dependencia implica que una vulnerabilidad o un ataque en un nodo pueden propagarse a través de los lazos y afectar a otros nodos. Los usuarios deben ser conscientes de las dependencias en línea y considerar cómo proteger sus propios nodos y lazos para evitar impactos negativos.

- **Riesgos en cadena:** la teoría de nodos y lazos muestra cómo los riesgos pueden propagarse en cadena a través de la interconexión de nodos. Por ejemplo, un enlace malicioso en un correo electrónico puede llevar a un sitio web fraudulento, lo que, a su vez, puede comprometer los datos personales del usuario. Comprender estos riesgos de cadena ayuda a los usuarios a tomar decisiones más informadas al navegar por internet y ser más cautelosos con las actividades *online*.

- **Resiliencia:** la teoría de nodos y lazos también destaca la importancia de la resiliencia en la seguridad en línea. Al comprender cómo los nodos se conectan y cómo los lazos pueden influir en la propagación de amenazas, los usuarios pueden tomar medidas para fortalecer su propia seguridad *online*. Esto incluye proteger los nodos críticos, como contraseñas seguras y actualizaciones de *software,* y estar preparados para responder rápidamente ante incidentes de seguridad.

- **Visualización de redes:** la teoría de nodos y lazos se puede aplicar para visualizar las redes en línea. Esto puede ser fascinante y útil para comprender la estructura y las interconexiones de internet. Herramientas y visualizaciones de redes pueden ayudar a los usuarios a comprender cómo están conectados en línea y cómo pueden interactuar con otros nodos en la red.

 ## ACTIVIDAD COMPLEMENTARIA

5. Indaga sobre algún caso real de ciberseguridad que haya ocurrido recientemente y haya recibido atención pública. Puede ser un incidente de seguridad, un ataque exitoso o un escenario donde se haya detectado una vulnerabilidad crítica. Después de localizar el caso, analízalo y realiza una identificación

Continúa en página siguiente >>

<< Viene de página anterior

exhaustiva de los nodos (elementos) y los lazos (conexiones) involucrados en el sistema o la red afectada. Esto puede incluir servidores, dispositivos de red, aplicaciones, usuarios, proveedores externos, entre otros elementos. Posteriormente, y utilizando el marco teórico de nodos y lazos, analiza las interconexiones y dependencias identificadas en el caso. Examina cómo las vulnerabilidades o ataques en un nodo pueden propagarse a través de los lazos y afectar a otros nodos en el sistema o la red. Considera cómo las interconexiones y dependencias pueden haber contribuido al impacto del incidente de seguridad.

2.2. Medidas para mitigar las ciberamenazas en los sistemas de información

Para detectar y mitigar eficazmente amenazas cibernéticas dentro de un sistema de información, se podrían implementar las siguientes **medidas:**

- ⮑ **Monitoreo de tráfico de red.** Implementar herramientas de monitoreo de red para identificar patrones de tráfico sospechoso, como comunicaciones no autorizadas o intentos de acceso no autorizado a través del enlace a internet.
- ⮑ **Detección de comportamiento anómalo.** Utilizar sistemas de detección de comportamiento anómalo en los servidores y las estaciones de trabajo para identificar actividades inusuales que podrían indicar una posible amenaza cibernética en curso.
- ⮑ **Segmentación de red.** Dividir la red interna en segmentos o zonas separadas, con políticas de seguridad específicas y restricciones de acceso. Esto limitará la propagación de una amenaza a otros nodos dentro de la red interna, protegiendo así la integridad de otros sistemas y estaciones de trabajo.
- ⮑ **Actualizaciones y parches.** Mantener todos los nodos actualizados con las últimas actualizaciones y parches de seguridad para mitigar posibles vulnerabilidades conocidas.
- ⮑ **Copias de seguridad y recuperación de datos.** Implementar una estrategia de copia de seguridad regular y verifica su integridad. Esto permitirá restaurar los sistemas a un estado seguro en caso de una infección o daño a los datos.

 **PARA SABER MÁS**

El Centro Criptológico Nacional (CCN-CERT) pone a disposición de la ciudadanía un interesante documento en donde se recogen los principios y recomendaciones básicas de ciberseguridad. Un extenso y completo informe de buenas prácticas que puedes descargar accediendo desde aquí:

https://redirectoronline.com/ifct00230701

 TAREA 7

Imagina que eres el responsable de seguridad de una pequeña empresa que utiliza un sistema de red interno para almacenar y gestionar información sensible de sus clientes. El sistema de red consta de varios nodos, incluyendo servidores, estaciones de trabajo y un enlace a internet. Recientemente, has recibido informes de comportamiento anormal en uno de los nodos, donde se ha detectado una actividad sospechosa y un posible intento de acceso no autorizado. Tu objetivo es analizar la situación y aplicar los principios de la teoría de nodos y lazos para identificar posibles rutas de propagación de amenazas y desarrollar medidas de detección y mitigación efectivas.

Utilizando los principios de la teoría de nodos y lazos en ciberseguridad, identifica y describe las interconexiones y dependencias clave entre los nodos en el sistema de red de la empresa y cómo podrían influir en la propagación de la amenaza detectada. Además, propón medidas específicas que podrías implementar para detectar y mitigar eficazmente esta amenaza cibernética.

3. Resumen

La teoría de nodos y lazos se basa en el estudio de las relaciones y conexiones entre los elementos de un sistema o una red, y se aplica en ciberseguridad para comprender y gestionar las interconexiones y dependencias que pueden afectar la seguridad de los sistemas y redes digitales.

Esta teoría ofrece una perspectiva interesante sobre la infraestructura y la seguridad *online*. Al comprender cómo los nodos se interconectan y dependen unos de otros, los usuarios pueden tomar mejores decisiones para proteger su propia seguridad y contribuir a un entorno digital mucho más seguro.

Ejercicios de autoevaluación
Unidad de Aprendizaje 7

1. Indica si las siguientes oraciones son verdaderas o falsas.

    a. En el campo de la ciberseguridad, el conocimiento y entendimiento de las interconexiones y dependencias entre los diferentes elementos de los sistemas y redes digitales es fundamental para garantizar su protección lo suficientemente efectiva.

        ■ Verdadero
        ■ Falso

    b. La teoría de nodos y lazos, también conocida como teoría de redes, es un enfoque conceptual y analítico que se utiliza para estudiar las relaciones y conexiones entre diferentes elementos en un sistema o una red.

        ■ Verdadero
        ■ Falso

2. ¿Qué representa un nodo en la teoría de nodos y lazos?

    a. Un ataque cibernético
    b. Un elemento individual en un sistema o red
    c. Un protocolo de seguridad
    d. Un programa antivirus

3. ¿Qué representa un lazo en la teoría de nodos y lazos?

    a. Un enlace físico en una red
    b. Un tipo de *malware*
    c. Un sistema de cifrado
    d. Una contraseña segura

4. ¿Cuál es uno de los objetivos principales de la teoría de nodos y lazos en ciberseguridad?

    a. Comprender la estructura de las páginas web.
    b. Identificar patrones de tráfico sospechoso en internet.

    c. Analizar las dependencias y las interconexiones en sistemas y redes.

    d. Detectar virus en archivos adjuntos de correo electrónico.

5. ¿Por qué es importante comprender las interconexiones y dependencias en ciberseguridad?

    a. Para diseñar aplicaciones móviles seguras.

    b. Para identificar a los piratas informáticos.

    c. Para mitigar amenazas cibernéticas y proteger los sistemas.

    d. Para rastrear la ubicación física de los servidores.

6. ¿Qué implica la propagación de amenazas a través de los lazos en la teoría de nodos y lazos?

    a. La transmisión de *malware* a través de dispositivos móviles.

    b. El acceso no autorizado a servidores.

    c. La creación de nuevas conexiones de red.

    d. La afectación de nodos adicionales en una red.

7. ¿Cómo puede contribuir la teoría de nodos y lazos a la detección de amenazas cibernéticas?

    a. Ayudando a identificar vulnerabilidades en sistemas operativos.

    b. Proporcionando soluciones de *firewall* más avanzadas.

    c. Permitiendo el análisis de patrones de comportamiento anómalo.

    d. Facilitando el acceso a bases de datos de *malware* conocidos.

8. ¿Qué significa la resiliencia en el contexto de la ciberseguridad?

    a. La capacidad de recuperación después de un ataque cibernético.

    b. La velocidad de la conexión a internet.

    c. El grado de seguridad de una contraseña.

    d. La ubicación geográfica de los servidores.

9. **¿Qué se puede lograr mediante la visualización de redes en ciberseguridad?**

   a. La detección de *phishing* en correos electrónicos.
   b. La identificación de enlaces fraudulentos en páginas web.
   c. La comprensión de las interconexiones y dependencias en un sistema.
   d. El bloqueo de anuncios emergentes en el navegador.

10. **Rellena los siguientes huecos:**

    La reducción del riesgo de propagación de _____ es uno de los beneficios de la _____ de red en ciberseguridad. Al mismo tiempo, es posible decir que para prevenir la _____ de *malware* es importante mantener los nodos _____ como _____ de ciberseguridad.

Glosario

Activos de información
Diferentes tipos de información que se generan y utilizan en una organización, como documentos, imágenes, vídeos, correos electrónicos, etc.

Agujero de seguridad
Fallo o debilidad de un sistema que es aprovechado para delinquir mediante la explotación de vulnerabilidades.

Algoritmo criptográfico
Función matemática que contiene datos de entrada junto con una clave. Si la función calculada se realiza con la clave correcta, significa que se cifran los datos en un formato de salida.

Amenaza
Recurso que se vale de las vulnerabilidades de un sistema y que sirve para intimidar y comprometerlo. Representa el daño potencial que pueda ocasionarse debido a la presencia de vulnerabilidades.

Análisis de riesgos
Procedimiento que sirve para identificar las vulnerabilidades y amenazas a los que están expuestos los activos de información a fin de determinar una gestión de los riesgos.

Análisis forense
Retos que consisten en extraer información valiosa de dispositivos de almacenaje o mediante capturas de tráfico red.

Antivirus
Software de seguridad que ofrece protección a fin de evitar la ejecución de programas maliciosos.

APT

Advanced Persistent Threat. Son ataques planificados de difícil identificación que van dirigidos a compañías, siendo de persistencia continuada, utilizando mecánicas de ingeniería social con los que se pretende sustraer o filtrar información confidencial.

Ataque cibernético

Maniobra planificada e intencionada para causar daño a un sistema de información aprovechando alguna vulnerabilidad del sistema para derivar en alguna consecuencia y obtener algún tipo de beneficio por ello.

Ataque DDos

Ciberataque que provoca la denegación de acceso a un servicio determinado.

Ataque DeAuth

Consiste en la desconexión de todos los dispositivos clientes que están conectados a una red inalámbrica.

Ataque de fuerza bruta

Técnicas diversas para descubrir contraseñas de terceros. Intentos múltiples de todas las posibles combinaciones hasta dar con la contraseña correcta haciendo uso o no de diccionarios de contraseñas en los que un fichero recoge aquellas prestablecidas.

Ataques de diccionario

La fórmula empleada en los ataques de diccionario es similar a los de fuerza bruta, con la diferencia de que, en ellos, se emplean palabras predefinidas que cuelgan en una larga lista con todas las posibles combinaciones tanto de las contraseñas como los posibles nombres de usuario.

Autenticación

Procedimiento por el cual es posible demostrar la identidad de una persona, entidad o usuario a través de contraseñas, información biométrica, etc.

Backdoor

Puerta trasera que permite a un ciberdelincuente entrar y salir de un sistema susceptible de ataque sin ser detectado.

Biometría

Método de reconocimiento e identificación de personas y usuarios basado en elementos fisiológicos como huellas dactilares, iris, retinas, etc.

Botnets
Red de computadoras zombis infectadas bajo las órdenes de los ciberdelincuentes que ejecutan acciones de carácter malicioso, consiguiendo infectar a otros equipos que se conectan en la red de internet a través de servidores contaminados.

Brecha de seguridad
Violación de la seguridad deliberada o no con graves consecuencias como el borrado, sustracción, modificación o destrucción de datos confidenciales mientras están siendo trasmitidos.

CERT
Iniciales con las que se reconoce al Equipo de Respuesta ante Emergencias Informáticas encargados de dar respuestas a incidentes de seguridad y desarrollar medias de prevención.

Ciberataque activo
El atacante intercepta la comunicación para modificar la información o los recursos del sistema de información para que su funcionamiento se vea afectado.

Ciberataque pasivo
El atacante intercepta la información que está en tránsito con idea de leerla y analizarla sin intención de alterarla. En ningún momento se pretende influir en los recursos del sistema de información.

Cifrado
Encriptado o codificación de información que imposibilita que cualquier persona o usuario pueda acceder al contenido cifrado sin la posesión de una clave.

Cifrado asimétrico
Procedimiento de cifrado en el que se emplea la misma clave para cifrar y descifrar información, conocido también como cifrado de clave secreta.

Cifrado simétrico
Procedimiento de cifrado en el que se emplean distintas claves para cifrar y descifrar información (clave pública y clave secreta), conocido también como cifrado de clave pública.

Código malicioso
También denominado *malware*. *Software* de categoría maliciosa cuyo diseño está enfocado para la infiltración de un código malicioso (troyanos) en los dispositivos tecnológicos, permitiendo dirigir un ataque con objetivos muy claros.

Confidencialidad

Principio de la seguridad informática y de la información que persigue proteger la información a fin de evitar el acceso y la divulgación de esta por terceros no autorizados por la organización.

Cookie

Fichero que queda instalado en el navegador de un usuario obteniendo información de la actividad que realiza.

Copia de seguridad

Duplicado de información que se realiza en un soporte distinto al original con el fin de poder recuperar la información, en caso de incidente de seguridad del soporte de información inicial de almacenamiento.

Correo spam

Mensaje de correo electrónico no solicitado por el usuario receptor que sirve de herramienta para el ejercicio de acciones maliciosas.

Cortafuegos

Sinónimo de firewall. Sistema de seguridad que filtra el tráfico web a fin de permitir o prohibir accesos desde o hacia una red.

Crackers

Hackers con intenciones maliciosas.

Credenciales

Certificado de usuario o cualquier otro sistema de identificación de un sujeto como usuario de un sistema. Permite la autenticación y verificación de la identidad posibilitando el acceso a recursos.

Crime-as-a-service (CaaS)

Cooperativismo entre el colectivo de los cibercriminales que ven cómo son capaces de mercantilizar sus servicios por las grandes carencias de control.

Criptoanálisis

Disciplina que abarca los estudios orientados a crear las metodologías y las técnicas necesarias para resolver los mensajes inteligibles u ocultos aprovechando cualquier debilidad o carencia de los métodos empleados en la criptografía.

Criptografía

Disciplina que estudia el conjunto de las propiedades ocultas de un mensaje cifrado que proporciona protección al contenido, aportando seguridad a este intercambio de información entre emisores y receptores.

Criptografía clásica
Metodología empleada antes de que aparecieran los primeros ordenadores, ya que con esta inclusión facilitó el criptoanálisis dejando al descubierto los sencillos y largos algoritmos de la criptografía clásica. Aquí se incluyen las técnicas de transposición y de sustitución.

Criptografía moderna
Esta metodología es muy parecida a la criptografía clásica. La gran diferencia es que los algoritmos, en vez de ser sencillos y largos, utilizan un sistema de cifrado mucho más complejo, de tal manera que dificulte a los criptoanalistas el acceso a la información gracias a la gran cantidad de texto cifrado que ofrece esta metodología moderna.

Criptograma
Texto cifrado obtenido al aplicar un algoritmo de cifrado a un mensaje.

Criptología
Ciencia encargada del estudio de la comunicación secreta.

Crytojacking
Malware de criptominado. Está diseñado para no ser descubierto y mantenerse oculto en el dispositivo de la víctima mientras resuelve problemas de encriptación para la obtención de recompensas en forma de criptomonedas.

CTF *(Capture The Flag)*
Competición de carácter gratuito en el que, mediante escenarios virtuales, los participantes ponen a prueba las destrezas y habilidades propias del *hacking.*

CVE *(Common Vulnerabilities and Exposures)*
Listado de vulnerabilidades conocidas y publicadas bajo un estándar que permite identificar el nivel de gravedad de una vulnerabilidad y su posible impacto.

CVSS *(Common Vulnerability Scoring System)*
Sistema estándar de puntuación de vulnerabilidades.

Datos personales
Cualquier tipo de información (personal, familiar, física, profesional) sobre una persona física que permita ser identificada o identificable.

Denegación de servicio
Ciberataque que deja fuera de servicio un sistema, equipo, dispositivo o aplicación.

DHCP *(Dinamic Host Configuration Protocol)*
Protocolo que se encarga de asignar automáticamente las direcciones IP a los dispositivos clientes que quedan conectados a la red.

DHCP *Spoofing*
Tipo de ataque que tratará de desviar el tráfico de la red directamente al dispositivo del *cracker*. Esto permite al atacante definir como puerta de entrada a la red o *proxy* su propia dirección, de esta manera, podrá modificar los valores de los protocolos DNS.

Dirección IP *(Internet Protocol)*
Numeración única que permite identificar un sistema conectado a una red.

Disponibilidad
Principio de la seguridad informática y de la información que persigue que la accesibilidad a la información por parte de usuarios autorizados sea fluida y sin obstáculos.

DNS *Spoofing*
Tipo de ataque que consiste en engañar la relación entre la IP y el nombre de dominio. Cuando un usuario trata de acceder a una URL de un sitio web, lo que ocurre es que se solicita una respuesta de nombres a un servidor DNS que traduce la correspondiente dirección IP.

Doxware móviles
Código malicioso que bloquea datos y publica *online* archivos robados.

Esteganografía
Disciplina encargada de la ocultación de mensajes portados, por ejemplo, imágenes, sonidos o vídeos que ocultan información.

Estegoanálisis
Disciplina encargada de identificar los mensajes ocultados por los portadores de los mismos.

Exploit
Representa la explotación de la vulnerabilidad.

Fingerprinting
Técnica de recopilación de información directa de los sistemas informáticos de un usuario u organización para determinar su comportamiento.

Firewalls
Dispositivo de seguridad *hardware* o *software* que, a través de la monitorización del tráfico de red saliente y entrante, concede permisos o bloquea el tráfico de datos en base a unas reglas de seguridad.

FIRST
Organización y líder mundial de respuestas a incidentes de seguridad.

Footprinting
Técnica de penetración o método de exploración que sirve para recoger información de un *hardware* o red (configuraciones de seguridad de la máquina, VPN, dirección IP, etc.).

Gestor de contraseñas
Aplicación que genera contraseñas robustas con almacenaje de las mismas de forma cifrada, que facilita al usuario no tener que recordar múltiples contraseñas de acceso a distintos sitios, siendo necesario tan solo recordar la clave de acceso al gestor.

GNU *Privacy Guard*
Herramienta gratuita para el cifrado y firma de comunicaciones y datos haciendo uso de un sistema de gestión de claves.

GPS *Spoofing*
Consiste en engañar al receptor de una señal GPS, mediante la transmisión de una señal algo más potente que la que es recibida por el sistema GPS emitida desde los satélites.

Guiadance COSO
Conjunto de herramientas de evaluación de riesgos, actividades de información, comunicación, control y monitoreo creada por una organización estadounidense *(Committe of Sponsoring Organizations of the Treadway Commission)* encargada de crear marcos de trabajo, manuales o guías asociadas al mundo de la gestión de los riesgos en las organizaciones.

Guide for Conducting Risk Assessment
Norma americana (NIST SP-800-30) diseñada por el *National Institute of Standards and Technology* que detalla un método de análisis de riesgos con el objetivo de asegurar los sistemas de información de las empresas, encargados de almacenar, procesar y transmitir datos.

Hackeo hash
Procedimiento que consiste en llevar a cabo infinidad de combinaciones comparando *hashes* hasta dar con uno igual. Por tanto, para descifrar un *hash* es necesario recurrir a ataques de fuerza bruta.

Hacker
Individuo con habilidades y destrezas informáticas con capacidad de vulnerar dispositivos y redes mediante técnicas de *hacking.*

Hackers de sombrero blanco
También llamados *White Hat Hackers* o *hackers* éticos. Al contrario que los *hackers* de sombrero negro, a este grupo pertenecen aquellos que emplean sus habilidades y conocimientos de las técnicas de *hacking* para optimizar la seguridad informática de negocios, empresas, organizaciones, instituciones y gobiernos.

Hackers de sombrero gris
También llamados *Grey Hat Hackers.* Este otro grupo se mueve entre lo ético y lo inmoral. Actúan de forma ilegal, pero con buena intencionalidad. Utilizan las mismas técnicas de *hacking* que el resto, con idea de localizar vulnerabilidades en los sistemas informáticos ajenos sin autorización de acceso previo. Una vez encontradas las debilidades, presentan propuestas de mejora de la seguridad, pero en ningún momento las utilizan para atacar.

Hackers de sombrero negro
También llamados *Black Hat Hackers* o *crackers.* Son inmorales y su único fin es llevar a cabo actividades ilícitas empleando las técnicas de *hacking.* Estas acciones están motivadas por la obtención de una recompensa económica, por diversión o por el simple reconocimiento de su comunidad.

Hacktivistas
Hackers que enfocan sus actividades a acciones reivindicativas tanto sociales como políticas.

Hash inverso
Función algorítmica que encripta una serie de caracteres para convertirla en otra cadena distinta con el fin de proteger el contenido de un mensaje.

Honeypot
Dispositivo señuelo que detecta y obtiene información de un ataque y del atacante.

Hotfix
Actualización puntual con idea de resolver un fallo o error de forma rápida.

HTTPs (Hypertext Transfer Protocol Secure)
Protocolo seguro de transferencia de hipertexto que permite identificar a través de la URL un sitio web seguro de otro no seguro (HTTP).

Impacto
Medida de la consecuencia de un incidente de seguridad.

Incidente de seguridad
Suceso que afecta al principio de la seguridad de la información.

Información interna
Clasificación que corresponde a toda aquella información interna de la organización, que forma parte y se genera por la actividad de la empresa.

Información pública
Clasificación que viene representada por toda aquella información que no tiene ningún tipo de restricción para poder ser difundida.

Información restringida
Nivel de información más comprometido y que hace referencia a la información confidencial con acceso únicamente a usuarios autorizados.

Ingeniería inversa
Retos que consisten en interferir en el buen funcionamiento del programa informático o en sistemas operativos.

Ingeniería social
Conjunto de técnicas que aprovechan la buena fe y la confianza del usuario víctima para obtener de él información confidencial que servirá, posteriormente, para llevar a cabo ataques más premeditados, o bien para comercializar con los datos sustraídos en esa acción.

Integridad
Principio de la seguridad informática y de la información que persigue proteger la información tal como fue generada para evitar que sea modificada, alterada o manipulada por sujetos no autorizados.

Intrusión
Acción provocada por un ciberdelincuente con intenciones maliciosas.

Inyección de código malicioso
Infestación de equipos dispositivos, aplicaciones o programas por algún tipo de *malware*.

Keylogger
Mecanismo incluido dentro de un *software* malicioso que es capaz de detectar, registrar e informar a cibercriminales de las pulsaciones que un usuario realiza en el teclado de su equipo informático.

Lamers

Hackers con escasez de conocimientos de tecnología informantica y pocas destrezas, aunque alardean de ellas. Los ataques los realizan haciendo uso de instrumentos desarrollados por expertos, asumiendo un mérito que no es propio.

Lista blanca

Direcciones IP o de correo electrónico permitidos.

Lista negra

Direcciones IP o de correo electrónico bloqueados *(spam)*.

Mail Spoofing

Tipo de ataque que consiste en enviar a la víctima un correo electrónico desde una dirección conocida para ella, en el que el mensaje enviado contendrá algún tipo de *malware* con el que infectará el sistema al abrir el correo electrónico.

Malware

Software malicioso diseñado específicamente para ocasionar daño e infectar cualquier ordenador o dispositivo conectado a una red (sistema *host)*.

Metasploits

Considerada como una de las mejores herramientas de auditoría, ya que posibilita explotar las vulnerabilidades encontradas en esas auditorías de ciberseguridad, creando y ejecutando *exploits.*

Método CVSS

Sistema de evaluación de vulnerabilidades. Para hacer la evaluación, el sistema estudia las distintas propiedades que presenta cada vulnerabilidad, para ello hace uso de tres grupos de métricas: básicas, temporales y ambientales.

Método de ataque External

Consistente en la definición de nuevas reglas para crear nuevas contraseñas que se han de ir probando.

Método de ataque Incremental

Consistente en emplear técnicas de ataque de fuerza bruta hasta encontrar la combinación correcta que dé con la contraseña.

Método de ataque Single crack

Consistente en utilizar caracteres parecidos al nombre de usuario a modo de contraseña.

Método de ataque *Wordlist*
Consistente en utilizar diccionarios ya predefinidos en la aplicación que, aunque son bastante elementales, también admite el uso de otros diccionarios en disposición del usuario.

MIC *(Message Integrity Code)*
Protocolo de cifrado de comunicación en redes inalámbricas.

Mínimo privilegio
Estrategia de seguridad que se basa en la fórmula de conceder los mínimos permisos para que un usuario pueda desarrollar su actividad.

Mitigación
Disminución de daños potenciales ocasionados por un suceso, una vulnerabilidad o un ataque a un sistema de información.

MITM *(Man In The Middle)*
Tipo de ataque en donde el ciberdelincuente utiliza el método de la interceptación de mensajes. El *hacker* interviene directamente en el tráfico de datos entre las dos partes que se comunican.

Modelo OSI
Lenguaje universal de comunicación para definir una estructura de red de comunicaciones entre ordenadores de red o estructura de redes como sistema computacional con funcionalidades diversas.

Network
Conjunto de equipos informáticos conectados entre sí que pueden comunicarse utilizando distintas mecánicas de conexión (cables, señales, ondas, etc.) para compartir servicios, recursos e información.

Newbies
Sujetos que se inician al mundo del *hacker* y que todavía no dominan las diferentes técnicas de *hacking*.

NFC *(Near Field Communication)*
Tecnología inalámbrica de corto alcance para enlazar y comunicar dispositivos cercanos.

OTP *(One-Time Password)*
Contraseña de un solo uso.

Parche de seguridad
Aplicación de modificaciones para la corrección de fallos de seguridad en sistemas operativos o *software*.

Password cracking

Proceso por el cual se consigue recuperar una contraseña. Consiste en una técnica sencilla, siendo la más común la denominada de fuerza bruta, cuyo objetivo es romper el cifrado de una clave de seguridad de forma automática para obtener las credenciales de acceso a un sistema de información.

Payload

Representa la carga de código malicioso que se ejecuta en un sistema o programa una vez introducidos en él, valiéndose de una vulnerabilidad encontrada.

Pentesting

Técnicas de *hacking* ético.

Perdurabilidad

Capacidad de persistir en un dispositivo infectado manteniéndose oculto para avanzar hacia su logro.

Phishing

Técnica de ataque que suplanta una identidad o un servicio para engañar a la víctima y conseguir información como credenciales, mediante correos electrónicos o mensajes que tienen un enlace con un código malicioso.

Phreakers

Hackers que centran sus fechorías en cometer acciones ilícitas en el ámbito específico de la telefonía.

PSD2 *(Payment Services Directive 2)*

Segunda directiva de servicios de pago o mecanismo de autenticación de clientes reforzada para pagos electrónicos, en donde los requisitos técnicos para verificar la identidad de los usuarios son mayores por el empleo de una doble autenticación.

Ransom

Concepto anglosajón que, traducido al español, significa rescate.

Ransomware móviles

Códigos maliciosos que bloquean archivos guardados en el dispositivo y en las nubes.

RAT *(Remote Administration Tools)*

Tipo de ataque que se consigue tras infectar un equipo informático y disponer de una *backdoor* (puerta trasera) siempre abierta, a través de la cual el atacante puede entrar y salir cuando lo desee para ocasionar daños.

Redundancia
Principio por el cual se pretenden evitar ataques criptográficos utilizando técnicas de criptoanálisis que aportan redundancia o uso reiterado de códigos a los datos.

Remediation level
Medición del tipo de solución servible para resolver la vulnerabilidad encontrada o informada.

Report Confidence
Mide el grado de confianza que adquieren los usuarios acerca de la información técnica de la vulnerabilidad y sobre los agentes que la reportan.

Rogue Access Point
Puntos de acceso inalámbrico instalados en redes seguras que permiten robar información a un usuario de carácter confidencial y que le sirven a un ciberdelincuente para suplantar la identidad.

Rootkits
Conjunto de programas maliciosos que tienen como objetivo alojarse distintos niveles de autorización como aplicaciones, archivos, dispositivos, procesos, etc. y que permite al ciberatacante instalar distintas herramientas que les proporciona el acceso remoto para conseguir su objetivo.

Seguridad de la información
Conjunto de procesos que tiene como finalidad la protección de la información, las comunicaciones y los sistemas de información.

Seguridad informática
Conjunto de procesos encargados de la protección de las instalaciones y recursos informáticos y de la información.

Servidor DHCP (Dynamic Host Configuraction Protocol)
Protocolo que asigna de forma automática una dirección IP individual para que un dispositivo pueda solicitar la conexión a Internet.

Servidor DNS (Domain Name System)
Protocolo que permite la traducción de los nombres de dominio en direcciones IP, es decir, es un sistema que permite que las máquinas puedan comprender los nombres de dominio en direcciones numéricas.

Sniffer
Software que monitoriza los datos que circulan por la red con idea de capturar información.

Sniffing
Empleo de diferentes técnicas para realizar escucha pasiva en la red con la intención de interceptar el tráfico que esté transmitiendo.

Spoofing
Técnica de suplantación de identidad en la red basada en la recopilación de información, principalmente obtenida en las redes sociales.

SPX *(Sequenced Packet eXchange)*
Familia de protocolos *NetWare* que permitía el control de las entregas de datos desde una red local utilizando protocolos IPX.

Stalkerware móviles
Código malicioso que realiza labores de espionaje.

Target Distribution
Métrica que viene a responder a cuestiones como el porcentaje de los sistemas que podrían verse afectados por la explotación de una vulnerabilidad.

Técnicas de minería de datos
Mecanismos para la exploración de datos con idea de extraer información para convertirla en una estructura comprensible para el ser humano y para las máquinas basadas en inteligencia artificial.

Temporalidad
Principio por el cual se pretende complicar el objetivo de los criptoanalistas determinando un intervalo temporal en los mensajes cifrados.

Token
Hardware o *software* que permite acceder a un recurso con restricción, utilizando una llave en vez de contraseñas, datos biométricos o firmas electrónicas.

Transposición
Método de cifrado que mezcla letras y símbolos para que los mensajes resulten dificultosos de ver.

Vector String
Cadena de vectores que contiene la representación textual de cada valor o parámetro dado a cada una de las métricas examinadas.

Virus informático
Malware muy contagioso que puede infectar otros programas informáticos que se encuentren dentro del sistema *host*.

VLan *Hooping*
Técnica de ataque que generar tráfico malicioso con la idea de que alcance otra VLan evitando la correspondiente configuración de esa red que gestiona el tráfico.

Vulnerabilidad
Debilidad de un sistema de información de una organización y que lo hace susceptible de ataques. Representa esa condición para que un daño pueda materializarse.

WEP *(Wired Equivalent Privacy)*
Es un protocolo de cifrado para redes inalámbricas cuyo mecanismo de seguridad no es muy empleado hoy en día por ser fácilmente vulnerable.

WPA *(Wifi Protected Access)*
Tecnología que facilita la conexión de dispositivos a una red wifi de forma protegida mediante cifrado de seguridad para redes inalámbricas que utiliza claves temporales o de encriptación provisional TKIP con cifrado de 128 bits.

WPA2 *(Wirless Protected Access 2)*
Responde a una versión estandarizada del mecanismo WPA, que incluye actualizaciones más avanzadas de cifrado tipo AES *(Advanced Encryption Standard)*.

WPS *(Wifi Protected Setup)*
Tecnología que facilita la conexión de dispositivos a una red wifi. Un fallo de seguridad en este mecanismo permitiría a un ciberatacante acceder a la red.

ZHtrao
Nueva familia de *botnet*. Ciberamenaza capaz de convertir *routers* y otros equipos de comunicación tecnológica en verdaderos señuelos o *honeypots*.

Bibliografía

Monografías

→ LÓPEZ Benítez, Y.: *Ciberseguridad en el trabajo.* Antequera: IC Editorial, 2022.

En este libro se dan a conocer las amenazas y circunstancias que pueden derivar en incidentes de seguridad en situación de teletrabajo. Así como los objetivos de seguridad relacionados con el acceso remoto al trabajo, identificando las principales ciberamenazas en esta práctica laboral.

→ LÓPEZ Benítez, Y.: *Ciberseguridad, hacking ético. IFCD072PO.* Antequera: IC Editorial, 2022.

Manual completo para formar a profesionales en el campo del *hacking* ético.

→ LÓPEZ Benítez, Y.: *Gestión de la seguridad informática en la empresa. IFCT050PO.* Antequera: IC Editorial, 2019.

Este libro proporciona un enfoque completo y detallado sobre las mejores prácticas y estrategias para gestionar la seguridad de la información en el entorno empresarial.

→ LÓPEZ Benítez, Y.: *Implantación de la Ley de protección de Datos y Garantía de los Derechos Digitales en la Empresa.* Antequera: IC Editorial, 2019.

Este libro recoge los aspectos clave sobre la LOPDGDD, permitiendo identificar los riesgos que asumen las organizaciones por el incumplimiento de la normativa, al mismo tiempo que facilita la implementación de la norma en las empresas.

Textos electrónicos, bases de datos y programas informáticos

→ CCN CERT. Plan Nacional de Ciberseguridad, de: https://www.lamoncloa. gob.es/consejodeministros/referencias/Paginas/2022/refc20220329_ corregidav02.aspx#ciberseguridad

Plan de actuación nacional en el área de la ciberseguridad aprobado el 31 de mayo de 2022 por el Gobierno de España.

→ CCN CERT. Principios y recomendaciones básicas en ciberseguridad, de: https://www.ccn-cert.cni.es/es/informes/informes-de-buenas-practicas-bp/2473-ccn-cert-bp-01-principios-y-recomendaciones-basicas-en-ciberseguridad/file?format=html

> Informe de buenas prácticas del CCN CERT dentro del contexto de la ciberseguridad.

→ INCIBE. Políticas de seguridad para la pyme, de: https://www.incibe.es/empresas/herramientas/politicas

> Recursos variados para poner en marcha procesos internos en las pymes a través de los cuales es posible mejorar la ciberseguridad por el Instituto Nacional de Ciberseguridad.

→ INCIBE. ¿Es mi móvil una puerta de entrada a los ciberdelincuentes?, de: https://www.incibe.es/empresas/blog/es-mi-movil-una-puerta-de-entrada-los-ciberdelincuentes

> Artículo del Instituto Nacional de Ciberseguridad que alerta sobre los ciberpeligros inherentes al uso de los dispositivos móviles.

→ ISACA. Gobernanza de TI eficaz al alcance de su mano, de: https://www.isaca.org/resources/cobit

> Marco aceptado mundialmente para optimizar el gobierno de TI empresarial.

→ *National Institute of Standards and Technology.* Marco de ciberseguridad del NIST, de: https://www.ftc.gov/es/guia-para-negocios/protegiendo-pequenos-negocios/ciberseguridad/marco-ciberseguridad-nist

> Sitio web del Instituto Nacional de Estándares y Tecnología de EE. UU., en el que se ofrece un marco de ciberseguridad NIST para los negocios en las áreas de identificación protección, detección, respuesta y recuperación.

→ Smartformacion. Cómo asegurar tu empresa de ciberataques I Conceptos básicos, de: https://www.youtube.com/watch?v=AsYw38EDR_8&feature=youtu.be

> Recurso didáctico para aprender conceptos básicos sobre la seguridad de la información.

Legislación y normativa

→ Reglamento (UE) 2016/679 del Parlamento Europeo y del Consejo, de 27 de abril, relativo a la protección de las personas físicas en lo que respecta al tratamiento de datos personales y a la libre circulación de estos datos.

→ Ley Orgánica 3/2018, de 5 de diciembre, de Protección de Datos Personales y garantía de los derechos digitales.